성경적 성품교육의 원리
성품이 성품을 기른다

성경적 성품교육의 원리

성품이 성품을 기른다

김준 지음

익투스

추천의 글

이 책은 오늘날 가장 시급하게 회복되어야 할 가치인 '성품'을 정면으로 다룬다. 탁월한 통찰과 실천적 지혜를 겸비한 저자는 추상적 개념이 아닌 '살아 내는 삶의 언어'로 성품을 풀어낸다. 개인의 변화에 머무르지 않고 가정과 공동체, 나아가 사회 전체를 품는 넓은 시야가 독자에게 깊은 울림을 준다.

성경적 기반 위에서 현대인의 삶을 정직하게 분석하고 일상에서 길러질 수 있는 성품의 씨앗들을 제시하는 이 책은, '성품은 공동체 안에서 길러진다'는 메시지로 이기적 경쟁 시대에 강력한 대안을 제시한다. 읽는 이를 자책하게 만들지 않으면서도 진실하게 돌아보게 하고 따뜻하게 이끌어 주는 책으로, 지식보다 인격이 필요한 이 시대의 필독서이다. 한 사람을 바꾸고, 한 공동체를 변화시키며, 결국 한 사회를 이끄는 성품의 힘을 믿게 만드는 이 책은 성품의 길을 걷고자 하는 이들에게 등불이 될 것이다.

❙ 송태근 (총회교육개발원 이사장, 삼일교회 담임목사)

이 책은 기존의 성품 도서와 다른 특징이 여럿 있다. 그중 하나는 성품과 정신 건강의 관계이다. 성경적 성품은 아픔과 상처가 많은 현 시대에 건강한 정신과 치유를 가져다준다. 하나님과의 관계에서 형성되는 기독교인의 성품은 마음을 건강하게 한다. 마음의 열매인 성품은, 삶에서 경험하는 어려움을 극복하고 유혹에서 지혜로운 선택을 하도록 돕는다. 쉽지 않은 세상을 살아가는 우리 자녀들에게 성경적 성품교육은 선택이 아니라 필수라고 할 수 있다. 건강한 마음과 가족 그리고 교회를 세우는 성품 교재로서 이 책을 한국 교회에 추천한다.

▎**정영교** (목회상담학 박사, 산본양문교회 담임목사)

《성품이 성품을 기른다》라는 제목에 나타나듯 하나님은 먼저 부모의 성품을 변화시켜 자녀의 성품을 경작하신다. 하나님 안에서 빚어지는 우리 자녀의 성품은 험한 세상을 이기는 힘이자 세상을 변화시키는 능력이다. 이 책은 하나님관점에서 성품의 의미와 형성 과정을 알기 쉽게 설명하고 있다. 특히 성품개발을 하나님나라의 확장으로 해석하며, 성품이 어떻게 개인, 관계 그리고 공동체를 세워 가는지를 설득력 있게 보여 준다. 저자의 주장대로 기독교인의 성품은 삶과 세상을 변화시키는 하나님의 역동적인 임재와 능력을 보여 주는 통로인 것이다. 이 책에는 이렇게 중요한 성품이 성경적 인간관, 성품 교육의 방법, 이야기적 관점의 성품형성 과정에 기초하여 체계적으로 정리되어 있다. 교사와 학부모에게 이 책을 추천한다.

▎**이찬수** (분당우리교회 담임목사)

현대는 정보와 속도, 물질이 지배하는 풍요의 시대이다. 그러나 현대인들은 깊은 내면의 공허와 마음의 방황을 겪고 있다. 이는 마음 중심의 성품을 잃어버린 결과라고도 할 수 있다. 《성품이 성품을 기른다》는 성품이 단순한 도덕적 행동이 아니라 사람의 마음 깊은 곳에서부터 형성됨을 강조한다. 이 책은 동기, 생각, 감정으로 이루어진 인간의 내면을 성경적으로 세밀히 조명하면서, 그리스도인 스스로 마음을 살피고 돌보는 자가상담의 원리를 제공한다. 마음의 중심이 하나님과 연결될 때 비로소 참된 성품이 형성되고 마음의 방황이 치유될 수 있음을 명쾌히 제시하는 탁월한 안내서이다. 가정, 교회, 상담 현장에서 성품에 대해 고민하는 모든 이들에게 분명하고 설득력 있는 길잡이가 되리라 확신하며 이 책을 추천한다.

❙ 이한석 (한국성경적상담학회 회장, 광주동산교회 담임목사)

차례

- 5 • 추천의 글
- 11 • 서문

- 19 • 1장 성품의 의미와 유형
- 37 • 2장 성품과 마음
- 61 • 3장 성품과 자녀양육
- 89 • 4장 성품과 하나님나라
- 113 • 5장 성품과 이야기

- 149 • **부록1** 토론을 위한 질문들
- 154 • **부록2** 성품교육의 7가지 원리
- 157 • **부록3** 하나바이블 성품 목록 정의 및 핵심 성구

- 173 • 미주

서문

어느 시대에나 기독교인은 성품을 중요시했다. 특히 오늘날 교회와 기독교인에게 성품의 중요성은 더욱 크게 다가온다. 우리는 기독교에 대한 부정적인 이미지가 지배하는 한국 사회에 살고 있다. 과거 한국 기독교가 많은 분야에서 이룩한 긍정적 기여를 생각할 때 지금의 교회가 가지고 있는 이미지는 안타까운 일이다.

교회 밖에서는 성품과 유사한 용어로 '인성'을 사용한다. 세계 최초로 인성교육진흥법이 우리나라에서 제정되었다. 한국 사회의 특징 중 하나는 외부로 드러나는 '실적'을 중요하게 여긴다는 것이다. 인성교육법은 학교에서 진행되는 실적 중심 교육의 폐해에 대한 대응이라고 할 수 있다. 우리나라 학교는 따돌림 문화, 차별, 교권 상실과 같은 '인성 문제'를 심각하게 겪고 있다.

한국 기독교도 외형적 성장과 실적을 중요시했고 교회와 신자의 성품적인 면에 대한 강조는 부족했다. 베드로의 두 번째 서신은 그리스도의 재림에 대해 주로 가르친다. 그가 재림을 강조할 때 1장 서두에서 먼저 성품을 강조한 것을 주목해야 한다. 재림의 메시지도 신자의 성품이 바를 때 그 능력을 발휘한다. 성품은 어느 시대 어느 상황에서든 강조되어야 할 성경의 가르침이다.

그러므로 우리 교단이 2025년 교회학교 교재의 주제를 '성품'으로 정한 것은 한국 교회가 처한 여러 상황을 고려할 때 대단히 시의적절한 선택이라고 할 수 있다.

필자는 총회교육개발원의 의뢰를 받아 하나바이블 성품과정을 기획하고 커리큘럼을 개발하였다. 연구원과 집필자들과의 워크샵과 교육에 참여하면서 성품교육의 중요성을 더욱 확신하였다. 동시에 교회와 가정에서 성품교육의 원리를 설명해 주는 저서의 필요성을 절실히 느끼게 되었다.

하나바이블은 매 주일 교회에서 진행되는 교회교육 맥락에 맞추어져 있기에 성품에 관한 깊이 있는 내용을 담기에는 한계가 있을 수밖에 없다. 이 책은 교회와 가정에서 성품교육을 진행하는 교역자, 교사의 학부모들에게 성품교육의 원리를 제공하여 성품교육 이해와 실제에 깊이를 더하고자 한다. 성품교육에 대한 좀 더 체계적인 이해가 있을 때 교역자와 교사가 교회교육을 더 효과적으로 진행할 수 있을 것이다. 그리고 학부모들은 교회에서 진행되는 성품교육을 가정과 연결하여 성품 형성의 열매를 가정에서 거둘 수 있을 것이다.

이 책은 자녀양육의 핵심인 성품교육 원리를 간단하게 설명하는 데 주력했다. 설명의 예시로는 '하나바이블의 성품과정'인 〈하나님나라 백성의 성품 여행〉 교재에서 언급되는 성품유형을 주로 인용하였다. 특별히 전체 성품유형을 체계적으로 잘 정리한 〈구역예배 인도자용 교재〉를 참고하면 이 책의 내용을 이해하는 데 도움이 될 것이다.

이 책은 다른 성품교육 저서와 구별되는 다섯 가지 특징을 지닌다. 그리고 이 특징은 각 장의 내용이기도 하다.

1장에서는 성경적 관점에서 성품의 의미를 설명한다. 기존의 성품 관련 저서는 성품의 의미를 개념화하고 성품유형을 선정함에 있어서 분명한 성경적 기준을 제시하지 않고 있다. 이 책은 하나님과의 '관계성(relationality)'에 기초하여 성품의 의미를 개념화한다. 신자의 성품은 하나님과의 관계 속에서 하나님의 성품을 닮는 것이며, 신자가 형성하는 성품유형은 하나님의 성품에 기초한 것이다. 이 책에서 성품의 '관계성'은 성품의 의미, 성품형성 과정 그리고 성품교육의 방법을 관통하는 핵심 개념이다.

2장은 성경적 인간론에 기초하여 성품 형성을 설명한

다. 성품은 사람에게서 나오기에 성품의 주체는 사람이다. 그러므로 성경적 성품교육을 하기 위해서는 성경적인 사람 이해가 우선되어야 한다. 기존의 성품교육은 성품의 모양에만 관심을 갖고 인간이해에 기초한 성품 이해는 간과하였다. 이 장에서는 사람의 '마음'에 대한 성경적 이해에 기초하여 사람의 성품이 어떻게 형성되는지를 설명한다. 구체적으로는 마음을 구성하는 동기, 생각, 감정이 어떻게 역동적으로 연결되어 성품을 형성하는가를 보여 준다.

3장은 성품과 연관된 자녀양육 원리들을 담고 있다. 자녀양육의 핵심은 자녀의 성품형성이다. 그러므로 성품교육은 자녀양육의 원리를 제공한다. 이 장에서는 성품교육의 원리로 '방향성 중심', '관계성 중심', '부모 성품 중심'을 제시한다. 특히 성품교육의 '방향성' 논의는 교회 성품교육에 대한 일각의 우려를 해소할 것이다. 교회 안의 성품교육을 모두가 환영하는 것은 아니다. 이는 성품교육 안에 도덕적 경향이 내포되어 있기 때문이다. 분명 도덕적인 삶은 중요하지만, 도덕성 강조는 복음의 핵심이 아니기 때문이다.

성경적 성품교육은 성품형성의 결과보다는 성품형성 과정 가운데 하나님의 능력과 은혜를 경험하는 하나님과의 관계성을 지향한다. '방향성' 중심의 성품교육은 성품형성을 위해 하나님을 찾고 의지하는 과정을 성품교육의 핵심으로 강조한다.

'방향성 중심'의 성품교육은 자녀양육이 부모의 성품에 의해 주도되는 관계중심이 되어야 함을 가르친다. 이 원리에 기초하여 이 장은 성품교육의 실제적 접근으로 '원팀 부모'와 '훈육과 잔소리 구별'을 소개한다.

4장은 하나님나라 관점에서 성품이 어떻게 우리의 삶에 유익을 주는가를 설명한다. 하나님 나라는 하나님의 통치와 능력이 임하는 곳이다. 성품형성은 인간의 노력이 아닌 하나님의 통치와 능력의 결과이다.

이 장에서는 하나님나라의 능력의 성품이 형성될 때 성품이 우리 삶의 개인, 관계, 공동체, 세 영역에서 주는 유익에 관해서 설명한다.

성품교육에 있어서 부모들이 가장 궁금해하는 것 가운데 하나는 성품이 가정에서 어떻게 형성되는가이다. 5장에서는 '이야기적 관점'에서 성품이 일상의 삶에서 어떻게 실현되는가를 설명한다. 성품교육은 성품에 관한 지식이나 논의를 넘어 실제 삶에서 구체적으로 형성되어야 한다. 이 장은 성품이 삶에서 실현되는 중요한 매개체로 '이야기'를 소개하며 구체적인 '성품이야기'의 예를 제공한다. 이야기는 우리 일상을 가장 잘 드러내는 방식이다. 성경이 하나님의 진리를 이야기 형식으로 전하는 것도 이야기가 인간의 삶을 가장 잘 반영하며, 메시지를 효과적으로 전달하는 능력이 있기 때문이다. 구체적인 성품의 모습과 이에 대한 신앙적 의의를 담은 일상의 성품이야기가 가정 안에서 자연스럽게 나누어질 때 성품은 부모와 자녀의 삶에 점차 자리매김하게 된다. 이 장에서는 부모와 자녀가 자연스럽게 나눌 수 있는 성품이야기의 방식과 내용을 소개한다.

이 책이 가지는 주요 의의는 다른 성품 교재와는 다르게 신학에 기반을 둔 것이다. 어느 정도 신학적 소양이 있는 독자는 이 책에 흐르는 주요 개념이 '하나님의 형상', '하나님나라', '점진적 성화'라는 것을 쉽게 알 수 있을 것이다. '내러티브적'인 접근은 성경해석학과 기독교 세계관 영역에서 자주 사용되는 방법이다.

이 책에는 세 개의 부록이 있다. '〈부록 1〉 토론을 위한 질문들'은 교사나 학부모를 위한 성품 관련 소그룹 학습 모임에서 유용하게 사용할 수 있을 것이다. '〈부록 2〉 성품교육의 7가지 원리'는 이 책의 내용을 쉽고 간략하게 기억하도록 정리한 것이다. '〈부록 3〉 하나바이블 성품 목록 정의 및 핵심 성구'는 하나바이블이 다루는 성품의 의미를 참고하도록 준비하였다.

성품은 신앙의 핵심 영역이다. 신자는 그리스도의 형

상을 닮아 가며 하나님의 거룩한 성품에 참여해야 한다(롬 8:29, 갈 4:19). 성령의 인도함을 받는 신자의 삶도 성품으로 열매를 맺는다(갈 5:22-23). 예수님의 천국 복음의 가르침도 성품을 중심으로 이루어졌다(마 5:1-10).

성품교육을 통해 우리 신자의 삶과 교회교육에서 성품의 중요성을 새롭게 인식하는 계기가 되길 바란다. 그리고 성품을 배우는 과정 가운데 하나님의 나라와 능력이 우리의 삶에 강하게 임하길 기도한다.

총신대학교 신학대학원 연구실에서

김 준

1장
성품의 의미와 유형

"이로써 그 보배롭고 지극히 큰 약속을 우리에게 주사 이 약속으로 말미암아 너희가 정욕 때문에 세상에서 썩어질 것을 피하여 신성한 성품에 참여하는 자가 되게 하려 하셨느니라 그러므로 너희가 더욱 힘써 너희 믿음에 덕을, 덕에 지식을, 지식에 절제를, 절제에 인내를, 인내에 경건을, 경건에 형제 우애를, 형제 우애에 사랑을 더하라"(벧후 1:4-7).

어떻게 성경적인 성품교육을 할 수 있을까? 이는 모든 목회자와 교사 그리고 학부모의 관심사이다. 성경적 성품교육은 성품을 성경적으로 정의할 수 있을 때 가능하다. 성품교육의 목적과 방향은 성품을 어떻게 정의하느냐에 따라 달라지기 때문이다.

성품의 일반적 의미

우리나라에서 성품은 인격, 인성, 품성, 성격과 같은 용어로 사용되고 있다. 2015년 제정된 '인성교육진흥법'에서 말하는 인성은 성품의 의미와 비슷하다. 성품의 사전적 의미는 '개인의 독특한 특성이자 됨됨이'라고 할 수 있다(네이버 국어사전). 이 의미에 대하여 영어에서는 일관되게 'character'라는 단어를 사용한다. 학문적으로 성품을 정의하기도 쉽지 않다. 그 정의가 학자의 관점이나 교육학, 심리학 등 학문 분야에 따라 조금씩 다르기 때문이다.

그러나 성품을 설명할 때 학자들이 공통적으로 언급하는 요소가 있는데 바로 도덕성, 감정조절 능력 그리고 이타적인 자세이다. 일반적으로 성품은 도덕적이고 윤리적인 가치와도 밀접한 관계가 있기에 구체적 상황에서 옳고 그른 행동을 구별하고 행하는 것을 강조한다. '정직'의 성품이 대표적인 예이다. 또한 성품은 어려운 상황에서 감정대로 대응하지 않는 감정조절 능력을 강조한다. 화가 날 때 '인내'의 성품은 상황에 감정적인 대응을 하지 않도록 돕는다. 그리고 성품이 좋은 사람은 이기적이기보다는 다른 사람의 필요를 이해하고 그를 돕는 행동을 한다. 이타적인 사람은 일반적으로 '사랑'과 '긍휼'의 성품을 가지고 있다.

이렇게 도덕성, 감정, 이타성 관점으로 이해하는 것은 특정 성품을 개념화하여 정의하는 데 도움을 준다. 사실 대부분의 성품교육은 이와 같은 접근에 기초하고 있다. 그러나 이러한 방식으로 성품을 배워 가는 것은 다소 피상적인 접근이 될 수 있다. 성품의 주체가 되는 인간을 이해하기보다는 표면적으로 드러나는 개인의 자세나 행동에 초점을 두기 때문이다.

성품의 주체가 되는 개인에 대한 심층적 이해는 성품을 균형 있게 바라볼 수 있도록 돕는다. 개인을 이해하는 대표적 방법 가운데 하나는 개인의 내면을 '기질'과 '성격'으로 구분하는 접근이다.

기질과 성격

어떤 성격심리학자들은 사람의 총체적인 내면 또는 인격(personality)[1]이 '기질(temperament, disposition)'과 '성격'으로 구성되어 있다고 본다.[2] 기질은 사람이 선천적으로 타고난 행동적, 정서적 반응의 패턴이라고 할 수 있다. 이것은 사람이 가지고 있는 본질적인 성향으로, 사람의 총체적 인격을 형성하는 기초가 된다. 타고난 기질은 수정되기 어렵고 기본적인 특성이 유지된다. 기질의 대표적 예로는 외향성과 내향성, 또는 차분하거나 예민한 성향을 들 수 있다. 잘 알려진 성격심리학자 클로닝거는 새로운 것을 지속적으로 추구하는 '자극 추구형' 그리고 위험 상황에 예민한 '위험 회피 성향'도 타고난 기질이라고 말한다.

기질이 선천적인 반면 성격은 후천적 교육이나 노력으로 형성되는 개인의 특징이라고 할 수 있다. 성격은 노력을 통해 개인의 행동과 생각 그리고 감정이 성숙하게 드러나는 방식이다. 성격의 예로는 성숙한 개인에게서 쉽게 발견되는 독립성, 연합성, 친화성 등을 들 수 있다.

성품(character)은 성격의 영역에서 긍정적 면이나 도덕적, 사회적, 종교적 가치와 원칙을 지향하는 특징을 지닌다.[3] 성품의 대표적 예로는 '정직', '용기', '성실', '공감' 등을 들 수 있다.

성품교육에서는 종종 성품의 긍정적 의미와 가치를 분명하게 드러내기 위해 이와 반대되는 '부정적 성품'을 대비하여 설명하기도 한다. 예를 들면 '의로운' 성품을 강조하기 위해 이와 반대되는 '불의'가 대비된다. 사람의 내면에 '의'가 결여될 때는 '불의'한 행동을 하기 때문이다. 이와 비슷하게 '성실한' 성품을 강조하기 위해 '게으름'이 언급된다.[4]

교육과 노력으로 형성되는 성품이 중요한 이유는 후천적으로 형성된 성숙한 성품이 타고난 기질을 조절하기 때문이다. 내향적 사람도 '용기'나 '진취' 등 성숙한 성품을 가지면 항상 소극적으로 대응하기보다는 상황에 맞게 적극성을 발휘할 수가 있다. 새로운 것을 추구할 때 즐거움을 느끼는 '자극 추구형' 기질을 타고난 사람도 '희생'이나 '협력'의 성품이 개발된다면 타고난 자극 추구 성향을 절제하고 책임 있는 모습으로 살게 된다.

특히 가족관계에서 기질과 성품의 조화는 중요하다. 갈등이 많은 가족의 특징 가운데 하나는 구성원의 타고난 기질을 변화시키기 위해 집착하는 것이다. 가족은 기질을 바꾸려고 하기보다는 서로의 기질을 잘 파악하여 있는 모습을 그대로 수용해야 한다. 그리고 서로의 장점과 성품을 개발하여 기질대로 살지 않으면서 서로 배려하고 격려해야 한다.

성품의 성경적 의미

기질(예: 내향성, 외향성)과 성격(예: 독립성, 협력성)은 옳고 그름을 판단하는 도덕성과는 무관한 편이다. 반면 성품은 옳고 그름과 같은 도덕성과 가치를 지향하는 특성이 있다. 그래서 성품은 개인이 속한 사회나 공동체가 지향하는 가치를 담고 있는 경향이 있다. 그러므로 교회 안의 성품교육은 교회가 지향하는 성경적 가치를 품은 성품을 가르쳐야 한다. 그리고 성경적 성품교육의 출발은 성품을 성경적으로 정의하는 것에서 시작한다.

성품의 주체는 인간이기에 성경적인 성품 이해는 성경적인 '인간이해'에 기초해야 한다. 무언가를 이해할 때 가장 중요한 것은 그 시작을 아는 것이다. 성경은 사람이 하나님에 의해 창조된 존재임을 분명히 한다. 사람의 시작이 하나님에 의한 시작이라는 것은 사람 이해와 성품의 기초가 하나님관점이 되어야 함을 보여 준다.

하나님관점에서 성품을 이해할 때 우리가 알아야 할 핵심 개념 두 가지는 '하나님의 형상'과 '마음'이다. 이 두 개념은 성품의 성경적 의미뿐만 아니라 더 나아가 성품형성 과정을 성경적 관점으로 이해하는 데 필수적이다.

성경은 사람이 '하나님의 형상(Image of God)'으로 창조되었다고 말한다(창 1:26-27). 이는 사람이 본체인 하나님을 닮은 인격적 존재임을 말한다. 또한 사람은 창조주 하나님의 피조물로서 하나님과의 관계 속에서 창조되었고, 피조물로서 하나님과의 관계 속에서 살아갈 수밖에 없다. 그러므로 신자의 성품은 하나님과의 관계 속에서 하나님의 신성한 성품을 닮아 가는 모습이라고 할 수 있다(벧후 1:4).

'마음(heart)'은 성경에서 사람의 내면을 나타낼 때 가장 많이 사용되는 단어이다. 성경은 마음이 '동기', '생각', '감정'이 자리한 곳이라고 여러 곳에서 기술한다. 동기(motive)는 사람이 간절히 원하는 것으로 행동과 자세를 불러일으킨다. 자녀가 부모로부터 '인정'을 받기 위해 공부를 열심히 한다면, 이 자녀가 공부하는 행동의 동기는 부모의 '인정'이다. 이 인정 욕구가 동기를 부여해서 힘들어도 공부에 매진하는 경우이다. 이 동기와 행동 사이에 작동하는 마음의 영역이 있는데 바로 생각과 감정이다. 동기는 생각과 감정에 영향을 주고 이는 다시 외부로 드러나는 자세와 행동을 형성한다(성품과 마음의 관계는 2장에서 자세히 다룬다). 그러므로 신자의 성품은 마음에서 나오는 자세와 행동이 표현되는 것이라고 할 수 있다. 예수님도 사람의 말과 행동이 마음에서 나온다고 가르치셨다(눅 6:43-46).

이처럼 사람 속에 있는 '하나님의 형상'과 '마음'은 성품을 하나님관점으로 이해하는 성경적 틀을 제공해 준다. 이를 기초로 하여 성품의 성경적 정의를 아래와 같이 내릴 수 있다.

"성품은 하나님과의 관계 속에서 마음이 자세와 행동으로 표현되는 것이다."

하나님 중심의 성품형성

위의 정의는 신자의 성품형성의 중심이 우리의 노력이 아닌 하나님임을 내포하고 있다.

사람이 하나님의 형상으로 창조될 때 '하나님은 창조주, 사람은 피조물'이라는 관계가 성립되었다. 본체인 하나님을 닮았기에 하나님이 사람의 본질이자 삶의 목적이다. 사람이 하나님과의 관계 속에 있을 때 하나님을 계속 닮아 갈 수 있고 그의 뜻을 따르는 삶을 살 수 있다. 사람은 하나님과의 관계 속에서 존재가 시작되고 그 관계 속에서 살아갈 수밖에 없는 존재인 것이다.

그러므로 신자의 성품은 하나님과의 관계 속에서 그를 닮아 가는 과정 중에 형성되는 자연스러운 신앙의 열매라고 할 수 있다. 성품형성을 위한 의지적인 결심이나 노력도 중요하다. 그러나 성품형성을 위한 변화는 하나님을 알고 의지하는 관계 속에 들어갈 때 가능하다.

신자의 성품이 하나님과의 관계 속에서 형성된다는 것은 성품형성의 주체가 하나님과 하나님의 성품이 되어야 함을 말해 준다. 사람이 하나님을 닮은 존재라는 것은 사람이 하나님과 동일하지는 않지만, 하나님의 인격적, 도덕적 그리고 영적인 속성을 닮았다는 것이다. 그래서 사람은 하나님처럼 영원히 사는 영적 존재이며 지정의를 가진 인격적 존재이다. 높은 도덕성을 접할 때 사람은 감동하곤 하는데 이는 선하신 하나님을 닮아 사람 속에 도덕적인 속성이 있기 때문이다.

그러므로 사람을 잘 이해하려면 인간의 본체가 되시고 인간을 창조하신 하나님을 깊이 알아야 한다. 그럴 때 사람은 자신의 경험이나 인본주의적 지식이 아니라 하나님의 관점에서 자신을 알고 이해하게 된다. 이는 신자의 성품형성 과정의 목적이 인격적이고 도덕적인 모양을 이루어 가는 것이라기보다는 하나님이 원하고 기뻐하는 성품을 이루어 가는 것이라는 점을 시사한다.

이는 베드로의 가르침에서 분명하게 드러난다. 베드로는 우리를 향한 하나님의 뜻은 신자가 하나님의 신성한 성품에 참여하는 자가 되는 것이라고 말한다(벧후 1:4). 참여한다는 것은 하나님의 성품을 닮아 가는 것을 말한다. 신자의 성품형성은 개인의 노력이나 훈련을 통해 고상한 모양의 인격적 성숙을 이루는 것이 아니다. 신자의 성품은 하나님과의 친밀한 관계 속에서 하나님을 찾고 의지할 때 하나님의 성품을 서서히 닮아 가는 것이다.

하나바이블 성품과정 27과에서 다루는 '오래참음'의 성품을 예로 들어 보자. 오래참음은 원래 하나님의 성품이다. 성경은 하나님이 분노를 더디하시고 오래 참으시는 분이라고 말한다(벧후 3:9). 오래 참는 성품은 윤리, 철학 그리고 다른 종교에서도 강조되는 덕목이다. 그리고 기독교와 상관이 없어도 오래참음을 잘하는 성숙한 사람도 있다.

그러나 하나님관점에서 중요한 것은 오래참음을 잘하는 것이 아니라, 오래참음의 동기와 과정이 하나님과 관련이 있는가이다. 신자는 성경을 통해 하나님의 오래참음의 성품을 배운다. 그리고 하나님을 본받아 오래참음을 삶 속에서 실천하고자 한다. 신자는 하나님께서 이스라엘 백성이 우상을 섬기고 불순종할 때에도 즉각 벌하지 않으시고, 여러 선지자를 보내 회개를 촉구하시며 오래 참으셨던 모습을 성경을 통해 배운다. 그리고 이를 통해 신자 역시 이러한 하나님의 성품을 본받아, 삶 속에서 오래참음을 실천하고자 한다.

예를 들어, 자녀가 반복해서 실수를 하거나 말을 듣지 않을 때에도 감정적으로 반응하기보다 하나님의 인내를 떠올리며 차분하게 기다리고 가르치려는 태도를 지닌다. 또는 부부 관계에서 배우자의 연약함이나 고쳐지지 않는 행동에 대해 쉽게 판단하거나 포기하기보다는, 하나님께서 나를 참아 주신 것처럼 배우자를 품고 기다리는 모습을 통해 오래참음을 실천하게 된다.

어떤 때에는 인내가 힘든 경우도 있지만 하나님을 찾고

의지하며 그리스도로부터 오래참음을 배워 간다. 이렇게 하나님과의 관계 속에서 신자의 성품이 형성되어 가는 과정, 이것이 기독교인의 성품형성에서 진정한 목적인 것이다.

성품교육과 성품유형(character traits)

일반적으로 성품교육은 성품을 어떤 구체적인 성품 모양으로 유형화(trait)하여 진행된다. 어떤 사람이 좋은 성품을 가졌다고 하면 구체적으로 다가오지 않지만, '온유', '성실'같이 유형화하여 표현하면 쉽게 이해할 수 있다. 성품유형은 성품이 삶에서 구체적으로 형성되는 모양이라고 할 수 있다. 성품교육에서 자주 언급되는 '정직', '용기', '인내', '성실'과 같은 성품이 성품유형의 예라고 할 수 있다.

성품교육은 이러한 성품유형을 삶 속에서 개발하고 형성하도록 돕는다. '성품개발(character development)'은 삶의 성숙과 발전을 위해, 현재 결여되어 있거나 더 강화해야 하는 성품유형을 발견하고 개발하는 것이다. '오래참음'이 부족해서 중간에 포기하는 성향이 있다면 이 성품을 개발할 필요가 있다. 가족이나 교회 공동체는 더 발전하기 위해서 공동체 구성원의 '희생'이 더 필요할 때가 있다. 이때 구성원은 자신들이 더 희생할 수 있는 부분을 점검하고 자신이 속한 공동체를 위해 더 큰 양보와 희생을 감당할 수도 있다.

'성품형성(character building, character formation)'은 성품이 지향하는 가치와 자세가 개인의 삶 속에서 내면화되고 구체적으로 드러나 형태화(pattern)하는 과정이라고 할 수 있다. 성품형성은 단기간에 이루어지기보다 오랜 시간에 걸쳐 이루어진다. 성품형성은 단순하게 어떤 상황에서만 드러나는 것이 아니다. 오히려 삶의 여러 부분에서 다양한 경험을 통해 이루어진다.

성경에도 신자의 성품을 유형화한 예가 있다. 성령의 9가지 열매(사랑, 희락, 화평, 오래참음, 자비, 양선, 충성, 온유, 절제)는 성령이 개인의 삶에서 일할 때 맺히는 열매를 구체적으로 유형화한 것이다. 성령의 열매는 성령의 인도함을 받는 사람의 구체적인 모습이자 표시인 것이다.

앞서 언급했듯이 성경적인 성품형성의 기초는 하나님의 신성한 성품에 참여하는 것이다(벧후 1:4). 베드로후서는 이를 언급하면서 신성한 성품에 참여할 때 얻는 열매인 믿음, 덕, 지식, 절제, 인내, 경건, 우애 그리고 사랑의 성품을 나열하고 있다(벧후 1:5-7).

개인의 성품 자체는 한 가지 특징이나 관점으로 정의할 수 없는 다면성과 복잡성을 지닌다. 성품을 유형화해서 교육하는 것은 복잡하고 독특한 개인의 성품적인 특징을 다양한 관점으로 이해할 수 있도록 돕는다. 또한 더 풍성하고 정교하게 성품을 형성할 수 있도록 한다.

예를 들어 하나바이블 성품과정은 51가지 성품을 다루고 있다. 이를 통해 우리는 51가지 관점에서 사람의 성품을 다양하고 정교하게 이해할 수 있다. 또한 일상의 삶에서 더 세밀하게 성품을 개발하고 형성해 갈 수 있다.

하나님 중심의 성품교육 과정

성경적 성품교육은 하나님 중심이어야 한다. 하나바이블 성품과정은 커리큘럼 구조와 목적에서 하나님 중심의 모델을 제시하고 있다. 아래 [표 1]에서 보듯이 하나바이블은 하나님의 성품유형 중심으로 구성되어 있다.[5] 하나바이블은 하나님의 성품 12가지(거룩, 선하심, 신실, 사랑, 의로우심, 용서, 긍휼, 오래참음, 지혜, 진실, 온유, 영광)로 단원을 이루고 있다. 그리고 하나님의 각 성품에 기초하여 형성할 수 있는 신자의 성품 51개를 다룬다. 이러한 성품과정 구조는 신자의 모든 성품의 기초가 하나님의 성품임을 보여 준다.

1단원이 다루는 거룩, 순결, 경건의 성품을 예로 들어 보자. 거룩은 하나님의 성품이다. 거룩의 대표적 특징은 '구별됨'이다. 하나님과의 친밀한 관계 속에서 신자는 하나님의 거룩을 닮아 거룩한 성품을 형성해 간다. 거룩한 성품은 삶 속에서 세상과 구별되는 가치를 지향하도록 선택을 돕는다. 세상에서 거룩의 성품을 실천하여 구별된 삶을 살기는 쉽지 않다. 그러나 부족할 때마다 신자는 하나님을 찾고 의지해 나간다. 이런 과정 가운데 하나님의 거룩이 신자의 능력이 되고 이 능력으로 신자의 삶에서 구별된 삶이 확장된다.

하나님의 거룩을 닮아 가는 성품은 순결과 경건의 성품을 형성한다. 순결(purity)은 마음이 청결하고 이중적이지 않은 자세이다. 그리고 경건(godliness)은 하나님을 경외하며 말씀, 기도, 구제를 통한 헌신을 말한다. 하나바이블은 세상의 타락과 유혹으로부터 우리의 방어막이 되어 주는 순결과 경건의 성품이 하나님의 거룩의 성품에 기초함을 강조한다.

단원	하나님 성품	성품유형	단원	하나님성품	성품유형
1	거룩	거룩, 순결, 경건	7	긍휼	긍휼, 경청, 자비, 돌봄
2	선하심	선함, 긍정성, 격려, 환대	8	오래참음	오래참음, 자족, 절제, 협력
3	신실하심	신실, 일관됨, 성실, 충성	9	지혜	지혜, 분별, 사려 깊음, 솔선수범
4	사랑	사랑, 존중, 수용, 희생	10	진실함	진실함, 정직, 용기, 진취적
5	의로우심	의로움, 공평, 질서있는	11	온유	온유, 유연성, 위로
6	용서	용서, 공감, 화해	12	영광스러움	영광, 기쁨, 소망

[표1] 하나바이블 성품과정 구성

어떤 대상이나 현상을 다양한 각도로 관찰할 때 단조로운 이해를 방지하고 심도 있는 이해와 적용을 할 수 있다. 하나바이블은 51가지 성품을 다루면서 다양한 각도에서 성품을 이해하도록 돕는다. 그리고 하나님과의 관계를 통해 삶의 세밀한 부분에서 더 세밀하게 성품이 형성될 수 있도록 인도한다.

2장
성품과 마음

"선한 사람은 마음에 쌓은 선에서 선을 내고 악한 자는 그 쌓은 악에서 악을 내나니 이는 마음에 가득한 것을 입으로 말함이니라"(눅 6:45).

자녀의 삶에서 성품이 잘 표현되도록 어떻게 도와줄 수 있을까? 모든 부모는 자녀가 좋은 성품을 갖기를 원하기에 이렇게 질문을 한다. 앞에서 배운 성품의 성경적 정의는 이에 대한 답을 담고 있다.

성품의 정의에서 성품이란 '마음이 자세와 행동으로 표현되는 것'이라고 했다. 자녀의 내면인 '마음'이 어떻게 작동하는지를 이해하면 자녀의 삶에서 성품이 행동과 자세로 잘 표현되도록 효과적으로 도울 수 있다.

마음의 열매로서 성품

마음의 상황에 대한 반응

성품은 삶의 구체적인 상황에서 드러난다. 성품은 구체적인 상황에 대한 마음의 반응이 자세와 행동으로 표현된 것이기 때문이다. '인내'의 성품은 참기 어려운 '상황'에서 드러나는 성품이다. 아래 예수님의 '용서'와 바울의 '자족'의 성품의 예를 통해 성품이 상황에 대한 마음의 반응임을 알아보자.

마태복음 18장 21-35절에서 예수님은 '용서'의 성품을 비유로 가르친다. 이 비유에서 용서는 만 달란트의 빚을 갚지 못하는 구체적인 '상황'에 대한 반응으로 기술된다. 종이 용서하지 않는 것도 동료가 자신에게 진 백 데나리온의 빚을 갚아야 하는 상황에 대한 반응이다. 예수님은 이 비유의 결론으로 '마음'으로 용서하라고 가르친다. 이는 용서의 성품이 궁극적으로 마음에서 나오는 것임을 말해 주고 있다.

빌립보서에서 바울은 그가 누리는 '자족'과 '기쁨'의 성품을 가르치고 있다. 바울은 로마 감옥의 '상황' 속에서 마음을 다하여 하나님을 찾을 때 자족과 기쁨의 성품을 이룰 수 있었다. 반면 염려로 마음이 가득 찰 때는 자족과 기쁨을 누릴 수 없다. 그래서 바울은 염려가 있을 때 하나님께 기도하면 하나님이 '마음'을 지켜 주신다고 권면한다(빌 4:6-7). 염려에 대항하는 자족과 평안이 마음에서 나오기 때문이다.

그러므로 성품이 어떻게 자세와 행동으로 표현되는가를 이해하려면 마음이 사람의 내면에서 어떻게 작동하는가를 알아야 한다.

마음: 인간이해의 핵심

성경은 사람의 내면을 나타내는 대표적인 단어로 '마음(heart)'을 언급한다. '마음'은 신약과 구약 성경에서 약 1천 번 언급될 정도로 중요한 개념이다. 사람에게 가장 소중한 것은 생명이다. 성경은 생명이 마음에서 나오기에 그 무엇보다 마음을 지킬 것을 권면한다(잠 4:23). 또한 마음은 하나님을 향한 우리의 신앙의 중심에 있다. 그래서 예수님은 하나님을 사랑하되 마음을 다하여 사랑하라고 가르친다(마 22:37-39). 하나님과의 인격적인 관계에서도 마음이 핵심이다. 그래서 하나님은 항상 신자의 마음을 감찰하신다(살전 2:4).

성품은 사람의 중심이 되는 마음이 삶에서 자세와 행동으로 표현되는 것이다. 성경은 말과 행동 그리고 자세가 마음에서 나온다고 가르친다. 누가복음에서 예수님은 "선한 사람은 마음에 쌓은 선에서 선을 내고 악한 자는 그 쌓은 악에서 악을 내나니 이는 마음에 가득한 것을 입으로 말함이니라"(6:45)라고 말씀하신다. 이 말씀을 통해 예수님은 사람의 말과 행동이 마음에서 나오고, 그 선과 악의 모습이 마음의 선악의 상태에 달려 있다고 가르친다.

누가복음 6장에서 예수님의 가르침은 예레미야 17장 말씀에 기초한다. 예레미야에 따르면 어려운 상황에서 지혜롭게 대응하는 자세와 행동은 그 마음이 하나님을 찾고 의지할 때 가능하다. 반면에 하나님을 찾지 않고 육신을 의지하며 마음이 하나님을 떠날 때 불행한 결과를 맞이한다. 예레미야에 따르면 삶의 지혜로운 자세와 이에 따른 축복은 모두 하나님을 찾고 의지하는 마음의 결과이다.

그러므로 성품은 상황에 대한 지혜로운 반응이 말과 행동 그리고 자세로 나타난 것이다. '용서'의 성품은 갈등과 상처를 받는 상황에서 가해자를 향한 복수 대신에 선택하는 자세이다. '절제'는 유혹이나 쾌락을 탐닉하는 상황에서 욕망에 굴하지 않는 지혜로운 자세이다. 또한 '격려'의 성품은 타인의 어려운 형편을 그냥 지나치지 않고 말과 행동으로 위로하고 힘을 주는 것이다. 이 모든 성품은 상황에 대한 지혜로운 반응이라고 할 수 있다. 중요한 것은 이 반응이 마음에서 나오는 '마음의 표현'이라는 점이다.

마음의 세 영역

동기(motive): 마음의 핵심[6]

성경은 사람의 마음이 '동기,' '생각', '감정'의 영역을 포함하고 있다고 말한다. 아래 그림에서 보듯이 마음의 가장 깊숙한 곳에 동기가 있고 그다음에는 생각이 그리고 마음의 가장 바깥 부분에는 감정의 영역이 있다. 그래서 감정의 모습은 밖에서도 관찰할 수 있다.

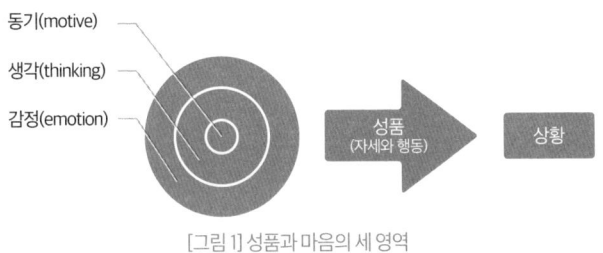

[그림 1] 성품과 마음의 세 영역

이 세 영역 중에서 동기는 마음의 핵심이다. 생각과 감정은 동기에 영향을 받기 때문이다. 동기(motive)는 사람의 생각, 느끼는 감정 그리고 행동을 유발하는(motivate) 내면의 동력이라고 할 수 있다. 그래서 성경에서 '마음'이 사용될 때는 주로 동기를 의미한다.

동기는 간절히 '원하거나(want)', '바라는(desire) 것'을 의미한다. 성경은 이 동기가 마음에서 나온다고 가르친다. 예를 들어 신명기는 삶을 풍요롭게 하는 음식을 원하는 것을 너희 "마음이 원하는 것(your heart desires)"으로 표현한다(신 14:26). 바울은 로마 기독교인들에게 보낸 서신에서 이스라엘의 구원을 향한 간절함을 "내 마음에 원하는 바(my heart's desire)"로 표현하고 있다(롬 1:1). 구원을 향한 간절한 갈망이 동기가 되었을 때 바울은 고난과 죽음이 따르는 선교여행을 하였다. 이 동기는 바울이 추구하는 삶의 의미이며 목표였다.

동기는 마음의 가장 깊숙한 곳에 자리 잡고 있어서 이를 발견하거나 분명하게 이해하기가 쉽지 않다. 성경에서 사용되는 마음이라는 단어는 히브리어로 '레바브'이고 헬라어로는 '카르디아'로 '가장 깊은 곳', '심연'을 뜻한다. 예레미야가 사람의 마음을 누가 알겠느냐고 물으며 오직 하나님이 그의 마음을 살피고 시험한다고 할 때 그 '마음'은 그 심연에 자리 잡은 '동기'를 의미한다(렘 17:9-10).

동기는 행복이나 즐거움과 관련이 깊다. 동기는 행복이나 즐거움을 주는 대상을 간절히 원하거나(want), 갈급해하는 것(desire)이라고 할 수 있다. 그래서 동기는 그 사람이 지향하는 삶의 가치관, 의미 그리고 목적을 내포한다. 삶에서 흔히 볼 수 있는 동기의 대표적인 예로 관계, 권력, 재물, 명예, 인정, 애착, 안락함 등이 있다. 많은 경우 정치인의 동기는 권력이고 사업가의 동기는 재물이다. 어떤 학생은 부모로부터 '인정'을 받기 위해 공부한다. 그의 공부의 동기는 부모의 인정이다. 이러한 동기는 삶에 의욕과 에너지를 주는 아주 중요한 것이다.

동기는 삶의 방향을 결정 지어 사람의 마음을 지배하는 특징이 있다. 사람은 마음에 여러 동기를 가질 수 있다. 가장인 아버지는 가족의 '안락함'을 위해 열심히 일하고 또 가족들의 가장으로서 '인정'받기를 바랄 것이다. 경제 활동을 하기 때문에 '돈'에 대한 욕구도 당연히 있을 것이다. 그러나 이러한 정상적인 동기가 과도하게 마음을 지배할 때 삶에 어려움을 초래할 수 있다. 가족에게 인정받기를 과도하게 원한다면 가족을 통제하려 들 수 있다. 돈에 대한 과도한 욕구는 오히려 경제적 어려움을 초래하기도 하고 가족을 등한시하도록 만들 수도 있다. 이렇게 동기는 마음을 지배하고 통제하려는 속성이 있다.

지속적으로 마음을 다하여 하나님을 사랑하고 그를 영화롭게 하라는 성경 말씀은 삶의 동기를 하나님으로 채우라는 의미이다. 이는 마음속의 여러 동기 중에 하나님을 향한 동기를 최고의 우선순위가 되도록 하라는 것이다.

하나님을 향한 가치와 목적이 우선순위가 될 때 다른 동기를 향한 마음을 조절할 수 있다. 자본주의 사회에서 돈은 막강한 힘을 가지고 있다. 그래서 돈을 얻기 위해서 사람은 자신도 모르게 과도한 열정과 노력을 기울인다. 극단적으로는 돈에 영혼을 팔 수도 있다. 이러한 실수는 하나님의 뜻과 기준이 우선순위가 될 때 막을 수 있다. 하나님을 마음의 우선순위에 둘 때 하나님께서 우리의 마음을 감찰하고 깨닫게 하시기 때문이다.

마음의 동기와 성품

동기의 하나님 중심성에 대한 가르침은 신자의 성품형성 동기가 하나님의 뜻과 성품이 되어야 함을 보여 준다.

자녀가 가져야 할 부모에 대한 '공경'과 '순종'의 성품을 예로 들어 보자. 성경은 자녀들에게 부모에게 '순종'하고 '공경'하라고 명령한다. 순종과 공경은 모두 부모에 대한 자녀의 자세와 행동, 즉 성품이다. 자녀는 왜 부모에게 순종하고 공경해야 하는가? 이것은 성품의 동기를 묻는 질문이다.

바울은 이 권면을 "주 안에서"로 시작한다(엡 6:1). 자녀들이 순종하고 공경하는 동기는 하나님 그리고 하나님의 말씀이기 때문이다. 하나바이블은 '존중'을 하나님의 '사랑'의 성품 아래에 분류한다. 이는 하나님과 그 말씀을 사랑하고, 하나님의 사랑에 감동을 받아 부모를 사랑하기에 부모를 공경하게 된다는 것을 보여 준다. 신자가 성품을 형성해 가고자 하는 동기는 하나님이고 하나님의 성품인 것이다.[7] 이것이 삶의 가치가 될 때 신자는 순종과 공경의 성품을 실천하고자 하는 동기를 부여받는다.

기독교인의 성품형성은 궁극적으로 하나님을 향한 목적과 가치를 지향하는 마음에서 나와야 한다. 이것이 하나바이블 성품과정이 12가지 하나님의 성품에 기초해서 구성된 이유이다. 우리는 하나님의 성품을 배우며 동시에 하나님을 아는 지식과 그를 향한 마음이 성장해 간다. 하나님을 아는 지식은 하나님을 향한 간절한 욕구를 생성하고, 이것이 성품을 배우고 삶에서 형성해 가도록 동기를 부여한다.

마음과 생각

일반적으로 '생각'과 같은 인지적 기능은 뇌의 작용으로 여겨진다. 그러나 성경은 사람의 생각은 마음에서 나온다고 말한다. 이는 사람의 생각이 마음의 동기에 영향을 받기 때문이다. 사람이 생각하는 방식은 그가 지향하는 마음의 가치와 목적, 즉 동기에 영향을 받을 수밖에 없다. 예를 들어 어떤 사람이 재물욕에 지배받으면 그의 생각도 재물 중심으로 흐르기 쉽다. 반대로 마음이 하나님을 사모하고 하나님의 뜻을 구한다면 그의 생각은 믿음의 관점을 반영하게 될 것이다.

성경은 사람의 생각이 마음에 속해 있다고 여러 곳에서 말한다. 창세기 6장 5절은 "마음으로 생각하는 모든 계획"이라고 말하며 마음이 계획과 같은 생각의 기능을 포함하고 있음을 보여 준다. 또한 잠언서 기자는 "대저 그 마음의 생각이 어떠하면 그 위인도 그러한즉"(잠 23:7)이라고 말하며 마음이 생각하는 방식이 그 사람의 됨됨이, 즉 성품을 드러낸다고 강조한다.

하나님에 대해서 배우고 이해하려면 생각하고 성찰하는 인지 능력이 필요하다. 히브리서 기자는 믿는 자의 마음의 생각에 하나님의 말씀을 기록했다고 말하고 있다(히 8:10).[8] 이는 하나님의 법을 백성들의 마음에 기록한다는 예레미야 선지자의 예언과 맥락을 같이한다(렘 31:33-34). 또한 히브리서 기자는 하나님의 말씀은 살아 있고 능력이 있어서 마음의 생각과 뜻을 판단한다고 가르친다(히 4:12). 이는 하나님의 말씀이 하나님을 지향하는 동기를 마음에 심어 주며, 또한 생각과 뜻을 결정한다는 것을 의미한다. 이처럼 사람의 생각하는 방식은 마음이 지향하는 동기에 영향을 받는다.

무엇보다 마음이 생각의 중심임을 나타내는 좋은 예는 지혜서로 알려진 잠언이다. 잠언서는 지혜는 명철한 자의 마음에 머문다고 말하며 마음이 지혜로운 생각의 원천임을 분명히 하고 있다(잠 14:33).[9] 이 밖에도 마음은 '이해'(8:5), '속임'(12:20), '어리석음'(12:23), '지식'(15:1), '명철함'(18:15) 등 생각 및 사고기능과 연관되어 나타난다.

성품형성과 관련하여 마음의 인지적 기능은 두 가지를 함의한다. 첫째, 성품교육으로 배우는 성품에 관한 지식의 중요성이다. 교회교육이나 가정에서 배우는 성품의 의미와 성경적 해석은 성품을 이해하고 형성하는 중요한 토대가 된다. 하나바이블이 제공하는 다양한 성품의 특성과 성경 본문을 통한 학습은 하나님관점에서 성품에 관한 지식을 함양하는 좋은 예이다.

성품형성은 자녀들이 성품유형에 대한 지식을 가질 때 더 효과적으로 이루어질 수 있다. 교육을 통해 성품 개념을 이해하면 자신에게 부족한 부분을 인식하고 그 성품을 삶에서 의식적으로 개발하려는 동기가 생긴다. 그리고 성품에 대한 지식은 성품형성을 이루는 반복적인 실천과 경험으로 이끈다.

둘째, 성품을 하나님의 성품을 기준으로 이해할 때, 하나님의 관점으로 성품을 생각해 보고 삶에 적극적으로 적용할 수 있다. 이는 하나님관점을 갖고 실제 삶에서 성품이 어떻게 형성되고 실천되는지를 창의적으로 생각해 보는 것이다. 가정이나 학교생활 그리고 친구 관계에서 성품과 관련된 실제 경험들을 나누며 생각해 본다면 성품에 대한 지식은 더 확장될 것이다.

이 책 마지막 장에서는 '성품이야기 나눔'을 통해 성품을 삶에서 배우고 형성하는 방법을 설명한다. 성품에 대한 지식이 있고 성품적 관점으로 생각할 수 있다면 이와 같은 성품이야기 나눔이 더 효과적으로 진행될 수 있을 것이다.

마음과 감정

사람은 감정을 가진 인격적 존재이다. 이는 감정이 풍성한 인격적 하나님을 닮았기 때문이다. 성경은 사람이 느끼는 다양한 감정에 관해서 기술하고 있다. 그중 대표적인 긍정적 감정은 '기쁨'이고, 부정적 감정에는 '두려움', '미움', '절망', '슬픔', '분노' 등이 있다.

성경은 감정이 마음에서 나온다고 여러 곳에서 말한다. 하나님을 신앙할 때 신자가 느끼는 감정은 즐거움이다. 믿는 자의 삶의 목적을 간단하게 말하면 하나님을 즐거워하는 것이다. 성경에서 이 즐거움의 감정과 마음을 연관하여 직접적으로 기술하는 대표적인 예는 아론의 마음에서 흘러나오는 기쁨이다. 하나님은 두려워하는 모세에게 말 잘하는 아론을 조력자로 세우셨다. 모세의 입을 대언하는 훌륭한 조력자로 적극 섬기게 될 것이라고 말씀하실 때 아론의 마음에 기쁨이 있을 것이라고 하나님은 말씀하셨다(출 4:14).[10] 또한 잠언 기자는 "근심이 사람의 마음에 있으면 그것으로 번뇌하게 되나 선한 말은 그것을 즐겁게 하느니라"(잠 12:25)라고 말하며 걱정과 기쁨의 감정이 마음에 있다고 가르친다.

성경에서 언급하는 대표적인 부정적 감정 중의 하나는 '미움' 또는 '적개심'이다. 레위기는 형제에 대한 미움이 마음에서 일어난다고 말한다(레 19:17). 백성들이나 초대교회 사역자들 사이에서는 '시기'와 '질투'의 문제가 있었다. 이에 대해 야고보는 마음속에 독한 시기와 질투가 있다고 경고한다(약 3:14). 성경에는 하나님의 백성들이 고난 가운데 마음속에 '두려움'의 감정을 느끼는 사건들이 많이 기록되어 있다. 이에 대하여 시편 기자는 하나님이 그의 빛이요 구원이기 때문에 그의 백성의 마음이 두렵지 않음을 확신하고 있다(시 27:1). 느헤미야 선지자는 '슬픔'을 많이 경험한 선지자였는데, 아닥사스다 왕은 느헤미야의 얼굴에서 수심을 보고 느헤미야의 마음에 슬픔이 있다고 말한다(느 2:2). 또한 마지막 만찬에서 제자들이 슬퍼할 때, 예수도 제자들의 마음에 슬픔(sorrow)이 가득 차 있다고 위로하였다(요 16:6). 이처럼 성경은 여러 곳에서 사람의 다양한 감정이 마음에서 흘러나온다고 말한다.

지혜에 대한 교훈을 담고 있는 잠언서는 감정에 대한 지혜도 가르치고 있다. 지혜로운 자는 감정을 잘 이해하고 다루는 자이기에 이는 당연하다고 할 수 있다. 대표적으로 분노에 대해서 교훈할 때, 미련한 자의 마음은 하나님을 향해 분노를 품는다고 경고하고 있다(잠 19:3). 또한 잠언 기자는 마음에서 느끼는 감정 상태가 삶에 영향을 미치는 중요한 부분임을 "마음의 즐거움은 얼굴을 빛나게 하여도 마음의 근심은 심령을 상하게 하느니라"(잠 15:13)로 표현했다. 즉 마음이 느끼는 감정에 따라 외면으로 드러나는 표정이 달라지기도 하고, 내면에 상처를 받기도 한다는 것이다. 이외에도 잠언은 '근심'(heaviness, 12:25), '고통'(bitterness, 14:10), 마음의 '슬픔'(sorrow, 14:13), '질투'(envy, 23:17)의 감정이 마음에서 비롯됨을 말하고 있다.

성품유형 중에는 감정과 직간접으로 연결된 성품들이 있다. '사랑', '오래참음', '긍휼', '온유', '기쁨', '공감', '절제'

가 대표적 예이다. '오래참음'은 많은 경우 분노나 삶의 고난이 가져다주는 여러 감정을 참는 것과 연관된다. '긍휼'은 상대방을 불쌍하게 여기는 감정이고, '공감'은 상대방의 감정을 이해하고 함께하는 것이다. '절제'는 쾌락과 연관되어 있는 욕구와 감정을 조절하는 능력이라고 할 수 있다. '사랑', '온유', '기쁨'은 그 자체로 감정이 표현된 성품들이라고 할 수 있다. 사실 성품의 주요 기능 가운데 하나는 감정대로 행하지 않고 오히려 감정을 잘 이해하고 조절하는 능력이다.

이렇게 성품이 감정과 연관이 깊은 것은 감정이 마음의 가장 바깥 혹은 경계에 자리 잡고 있기 때문이다. 앞의 그림에서 보았듯이 감정은 마음 안에 속하되 밖으로 노출되어 표현되는 경우가 많다. 그래서 성품이 감정(예: 사랑, 온유, 기쁨)으로 표현되는 것처럼 여겨지는 것이다.

성품교육과 연관하여 감정 부분에서 강조하는 특징은 '자발성'과 '긍정성'이다. 성품형성은 압박이나 주입식이 아닌 자녀의 자발적 참여를 독려해야 한다. 강제성을 띤 성품교육은 오히려 역효과를 가져와 성품교육에 반감을 품게 할 수도 있다. 이때 자녀들은 감정을 상하게 된다.

바울이 자녀양육을 하는 부모들에게 자녀들을 '노엽게 하지 말라'고 한 교훈은 감정적 부분에 대한 가르침이다.

자녀에게 공경과 순종의 성품을 가르칠 때 부모들이 강압적으로 한다면 아이들은 상처를 받아 감정이 상하게 된다. 사람이 상처받을 때 갖는 일차적인 감정은 '화(anger)'이다.

그러나 바울의 권면과 같이 주의 교훈에 기초한 '사랑'으로 가르칠 때 자녀는 긍정적 자세를 가지게 되고 자녀의 자발적인 참여를 유도할 수 있다.

지금까지 살펴보았듯이 동기, 생각, 감정이 마음속에서 나온다면 성품이 실제로 우리 삶에서 표현되는 것과 이것은 어떻게 연관되는가? 다음에서 다루는 '마음의 역동성(dynamics of heart)'은 내면의 마음이 성품으로 어떻게 드러나는지를 보여 준다.

성품형성과 마음의 역동성(dynamics of the heart)

성품의 정의에서 우리는 마음이 자세와 행동으로 표현된다고 배웠다. 중요한 것은 성품이 성품에 대한 이해와 깨달음으로 형성되는 것이 아니라, 삶의 구체적인 상황과의 상호작용을 통해 형성된다는 것이다. [그림 1]에서 보았듯 마음은 삶 속의 구체적인 '상황(situation)'에서 성품으로 표현된다. 상황은 일상의 '일'이나 '관계'와 같은 평범한 상황일 수도 있고 스트레스를 받는 상황일 수도 있다. 스트레스 상황은 인간관계에서 겪는 갈등, 지시나 규칙을 따라야 하는 경우 그리고 자신의 이익을 먼저 고려하고 싶은 상황일 수 있다. 마음이 성품으로 형성되는 과정을 이해하려면 주어진 상황에 개인이 어떻게 '반응(response)'하는가 이해할 필요가 있다.

얼마 전 성품과정 강의를 시작하면서 필자는 평일 밤 이 자리에 오는 수고는 '사랑'과 '희생'의 성품의 결과라며, 참석한 교역자와 교사들을 격려한 적이 있다. 이들은 바쁜 일상에서도 컨퍼런스에 참여하겠다고 선택하였고, 이 결과는 그들이 가지고 있는 하나님과 아이들에 대한 '사랑'과 자신의 시간과 일정을 '희생'하는 성품이 있기에 가능한 것이었다. 이때 교역자와 교사들이 처한 '상황'은 교사 컨퍼런스에 참여하는 것이었다. 어떤 사람에게는 컨퍼런스 참여가 당연한 일상일 수 있지만, 어떤 사람에게는 중요한 일을 포기해야 하는 선택의 상황이다.

이 상황 속에서 성품이 발휘될 수 있는 것은 마음에서 동기, 생각, 감정이 '일련의 작동'을 한 결과라고 할 수 있다. 구체적으로 들여다보면, 마음속의 '동기'는 하나님을 향한 사랑과 뜻을 사모함이었을 것이다. 그리고 이러한 동기는 믿음의 관점으로 '생각'하게 함으로써 컨퍼런스 참여로 손해를 보거나 어려움을 가져올 장애물을 극복하도록 돕는다. '감정'적인 면에서는 참가자들이 하나님의 뜻을 사모하는 동기와 믿음의 생각이 주는 '긍정적' 감정과 자발적인 자세를 가지고 참가할 수 있도록 한다.

이처럼 성품은 마음속의 동기, 생각, 감정의 일련의 작용에 의한 역동성의 결과라고 할 수 있다. 역동성의 핵심은 동기이다. 마음의 생각과 감정이 동기에 영향을 받기 때문이다. 그리고 감정은 어떻게 생각하느냐에 직접 영향을 받는다. 마음의 중심이 하나님의 뜻을 찾고자 하면 믿음의 관점으로 생각하게 된다. 그리고 이는 마음에 느끼는 부정적인 감정을 이겨 내게 만든다.

로마 감옥의 어려운 상황에서 바울이 보여 주는 '긍정성'의 성품을 대표적 예로 들어 보자. 감옥이라는 고통스러운 환경 속에서도 바울의 마음은 하나님을 향한 뜻과 사랑으로 가득 차 있다. 우리가 잘 아는 "내게 사는 것은 그리스도니 죽는 것도 유익함이라"(빌 1:21)와 같은 고백이 하나님을 향한 바울의 마음을 대변하고 있다. 이것은 그의 지향하는 마음속 동기가 되고, 이를 통해 그는 자신의 상황을 믿음의 관점으로 보게 된다. 그를 더욱 곤경에 빠뜨리려고 질투와 시기로 복음이 전파되지만, 그는 그리스도가 전파되는 것에 기뻐하는 모습을 보이고 있다. 이와 같이 믿음의 생각이 그의 마음에 기쁨의 감정이 넘치도록 만듦을 볼 수 있다(빌 1:18). 궁극적으로 바울의 기쁨은 그의 마음이 하나님의 뜻과 영광을 사모하는 마음으로 가득 차 있기에 가능한 것이었다.

아래의 그림은 이와 같은 성품형성의 역동성을 보여 준다. 즉 성품형성은 상황에 대해 마음이 반응하는 열매로 형성되어 간다. 이때 마음은 동기를 우선으로 하여 생각에 영향을 주고 생각은 감정에 영향을 준다.

> 마음(동기→생각→감정) ▶ 상황에 대한 반응
> ▶ 성품(자세와 행동을 표현)

[그림 2] 마음의 역동성과 성품의 표현

성품교육 과정에서 배우는 하나님의 성품들은 그 자체가 성품형성의 동기가 된다. 앞에서 언급한 2단원의 '선하심'이 그 예이다. 선하신 하나님의 성품은 우리가 닮아야 할 성품일 뿐만 아니라 '긍정', '격려', '환대' 성품의 동기가 된다.

성품이 형성되는 과정에서 마음의 생각은 각 성품에 대한 '지식'과 '이해'라고 할 수 있다. 성경적 성품교육은 각 성품의 의미를 이해하고 성경에서 어떻게 가르치고 있는

지를 배운다. 그리고 삶의 다양한 상황 속에서 성품을 적용해 가면서 경험적으로 성품을 이해하게 된다. 우리 안에 하나님을 사모하는 마음이 있다면 성품을 하나님관점에서 이해하고 형성하게 될 것이다.

앞에서 언급했듯이 성품형성 과정에서 감정은 긍정적이고도 적극적 자세를 말한다. 성경적 성품형성은 주입식 교육이나 강제적인 규율로 이루어지지 않는다. 이러한 방식은 반발을 불러일으키거나 부모와 자녀 사이 또는 교육자와 피교육자 사이에 긴장 관계를 초래할 수 있다. 그러므로 교육자와 부모는 자녀들의 마음에 성품교육에 대한 자발적 자세와 긍정적 정서가 일어나고 지속되도록 관심을 가져야 한다.

"이로써 그 보배롭고 지극히 큰 약속을 우리에게 주사
… 신성한 성품에 참여하는 자가 되게 하려 하셨느니라" 벧후 1:4

3장
성품과 자녀양육

"자녀들아 주 안에서 너희 부모에게 순종하라 이것이 옳으니라 네 아버지와 어머니를 공경하라 이것은 약속이 있는 첫 계명이니 이로써 네가 잘되고 땅에서 장수하리라 또 아비들아 너희 자녀를 노엽게 하지 말고 오직 주의 교훈과 훈계로 양육하라"(엡 6:1-4).

어떻게 하면 자녀에게 성품교육을 잘할 수 있을까? 자녀를 양육하면서 부모가 자녀의 성품형성에 관심을 두는 것은 당연하고 바람직하다. 그러나 성품교육의 원리와 방법에 대해서는 잘 모르는 부모가 많다.

자녀양육에서 가장 많이 언급되는 구절 가운데 하나인 에베소서 6장 1-4절은 자녀양육에 대한 바울의 핵심 원리와 놀라운 통찰을 담고 있다. 무엇보다 자녀양육의 핵심은 성품교육임을 분명히 하고 있다.

성품교육의 세 가지 원리

바울은 에베소서 6장 1-2절에서 부모에게 순종하며 공경하라고 자녀에게 권면하고 있다. '순종'과 '공경'은 성품이라고 할 수 있다. 대부분의 성품교육은 순종과 존중(공경)을 성품으로 다루고 있다.

3절에서 말하는 "아비들아"는 오늘날로 하면 "부모들아"라고 할 수 있다. 고대에는 아버지가 자녀양육에 전권을 행사했지만 오늘날 자녀양육은 부모 모두의 몫이다. 바울은 부모들에게 주의 교훈과 훈계로 양육하라고 가르친다. 교훈(instruction)과 훈계(discipline)는 주님의 가르침과 가르침의 방식을 말한다. 주님의 모든 가르침은 '사랑'으로 귀결된다. 그리고 주님은 삶과 희생을 통해서 사랑을 가르치셨다. 이는 주님이 그의 성품으로 가르치셨듯이 부모도 사랑과 희생의 성품으로 자녀를 가르치라는 것이다.

이처럼 자녀양육의 핵심은 부모의 성품을 통해서 자녀에게 성품을 가르치는 것이다. 또한 이 바울의 가르침은 성품교육의 세 가지 원리를 말하고 있다. 이 세 가지는 '방향성 중심', '관계 중심' 그리고 '부모 성품 중심' 원리이다.

'방향성 중심' 성품교육

모든 사람이 신자의 성품이 중요하다는 것을 인정한다. 그러나 교회 안에서 성품교육이 실행되는 것을 모두가 환영하는 것은 아니다. 어떤 목회자는 성품교육이 윤리교육같이 도덕적 행위나 바른 행실의 강조에 치우칠 것을 우려하기도 한다. 이는 복음이 근본적으로 지향하는 바와 도덕적 가르침은 다를 수 있기 때문이다. 이러한 우려는 성품교육의 '방향성'을 강조하여 극복할 수 있다.

하나바이블 성품과정은 '여행(Journey)' 은유를 통해 성품형성 과정을 설명한다. 이 여행의 특징은 '목적지(destination)'가 아닌 '방향성(direction)'을 지향한다는 것이다. 일반적으로 여행에서 목적지는 이미 정해져 있다. 중요한 것은 목적지를 향해 방향을 바르게 잡고 방향을 유지하는 것이다.

삶에서 목적지란 어떤 특정한 목표나 성취를 의미한다. 반면 방향성은 인생의 가치, 의미, 정체성에 의해 결정되는 비전이자 이상이라고 할 수 있다. 성품형성에서 목적지를 지향한다는 것은 어떤 수준의 성품형성을 목표로 삼고, 이를 성숙도를 판단하는 기준으로 삼는다는 것이다. 반면에 방향성을 지향하는 성품교육은 성품형성을 하나님의 성품을 닮아 가는 '과정'으로 본다.

베드로가 가르치듯이 하나님의 신성한 성품에 참여하는 과정 가운데 자연스럽게 경건, 인애, 절제, 사랑과 같은 성품이 나타난다(벧후 1:4-7). 여기서 중요한 것은 성품의 모양보다는 신자로서 하나님의 신성한 성품에 참여하는 과정이다. 이는 신자가 닮아 가는 성품의 본질이 하나님의 성품이라는 의미이다. 바울은 이것을 신자의 삶 속에서 그리스도의 형상이 이루어져 간다고 표현하였다(롬 8:29, 갈 4:19). 그리스도의 형상이 이루어지는 완성은 예수의 재림으로 완성된다. 이 과정은 신자의 삶 속에서 평생 동안 이루어지는 것이다.

이와 같이 방향성을 지향하는 성품교육은 두 가지 실제적 교훈을 제시한다. 첫째, 하나님의 성품을 먼저 배우고 이를 기초로 삼아야 한다. 하나님의 성품을 배운다는 것은 하나님을 알게 된다는 것이다. 하나님을 아는 지식과 신자의 성품형성은 분리될 수 없다. 이것이 하나바이블 성품형성이 하나님의 성품에 기초하고 있는 이유이다. 두 번째로, 성품형성 과정은 특정 수준의 성품 성취보다 하나님을 의지하며 하나님의 임재를 경험하는 것에 초점을 맞추어야 한다. 성품형성은 하나님을 의지하며 은혜 안에서 변화해 가는 과정이다.

성품이 목적지가 될 때 두 가지 실수를 범할 수 있다. 첫째, 특정한 수준 성품을 기대하거나 성취하고자 하는 목표 중심(objective oriented)의 성품교육이 되기 쉽다. 둘째, 성품교육이 도덕교육이나 일반 주입식 인성교육과 유사하게 흐를 가능성이 높다.

사실 우리 삶에서 목표는 생산성과 성취를 위해 중요한 역할을 한다. 하루 공부 목표나 운동 목표를 정하고 이를 이루기 위해 노력하는 사람들을 쉽게 볼 수 있다. 부모들도 자녀교육에 이러한 목표 지향적인 방법을 자주 사용한다. 목표를 설정하면 동기 부여가 되기 때문에 효과가 있을 수 있다. 그러나 목표를 성취하지 못하는 경우가 반복될 때 낙심하고 포기하기 쉽다.

목표지향적인 방식이 범할 수 있는 실수를 방지하려면 항상 '방향성'을 가지고 있어야 한다. 방향성은 이상, 비전, 가치에 관한 것으로 내가 '왜' 공부를 하고 운동을 해야 하는지 그 이유와 비전을 설명해 주는 것이다. 무엇보다도 설정된 목표보다 그 목표의 이유를 제공하는 '방향성'이 더 중요하다는 것을 마음 깊이 새겨야 한다. 방향성을 믿을 때, 설정된 목표를 이루지 못하더라도 크게 낙심하지 않을 수 있다. 중요한 것은 목표가 아니라 내가 '왜' 공부를 하는가이기 때문이다.

목적지 지향일 경우 부모는 기대하는 성품의 수준에 자

녀가 이르지 못할 때 쉽게 판단하거나 조급해져서 야단을 치는 경향이 있다. 또한 잘 변하지 않는 자녀를 보면서 자책하며 죄책감에 빠질 수 있다. 이러한 실수는 성품교육의 핵심이 방향성인 것을 이해할 때 극복된다. 방향성을 지향하는 교육은 낙심과 실망, 야단보다는 격려와 하나님을 향한 의지를 추구하기 때문이다. 또한 우리 안에 성품의 부족함을 보더라도 죄책감에 빠지지 않고 자유함을 갖게 된다. 성품형성은 결과가 아닌 과정이며, 그 과정은 하나님을 의지하며 닮아 가는 과정이기 때문이다. 무엇보다 성품형성은 우리의 힘이 아닌 하나님의 능력과 은혜로 가능한 것이다.

'성실'의 성품을 예로 들어 보자. '성실'은 부지런함을 뜻하는 훌륭한 성품이다. 성경은 지속해서 하나님의 성실한 성품에 대해서 말하고 있다. 하나님의 성품을 본받아 우리 믿는 자들도 성실한 자세를 가져야 한다. 모든 성품이 그러하듯이 부지런함도 삶의 여러 부분에서 다양한 모습으로 나타난다. 어떤 부분에서는 성실하고 다른 부분에서는 게으를 수 있다. 아이들과 어른 모두가 그렇다. 성실은 성과와 생산성에 영향을 주기에 모든 부모는 자녀가 성실하기를 바란다. 그러나 사람은 게으른 속성이 있기에 아이들의 성실성에 부모들이 만족하기는 쉽지 않다. 방 정리, 시간을 잘 지키는 것, 학업 예습 및 복습에서 부모들이 가진 기대에 미치지 못할 때가 많다.

이때 목적지 지향적인 부모는 자녀의 성실에 대해 정해 놓은 기대치가 있기 때문에 부족하고 불성실한 부분이 주로 눈에 띈다. 그래서 자녀의 성품 판단과 지시가 자연스럽게 뒤따른다. 이런 경우는 대부분 자녀와의 관계 갈등으로 이어진다.

반면 방향성을 중심으로 성품교육을 하는 부모는 성실의 중요함을 설명하는 훈육을 하고, 지금은 부족하더라도 더 잘하도록 격려한다. 성품형성이 시간이 걸리는 점진적 변화의 과정인 것을 알기 때문이다. 그리고 부모는 자녀와 함께 하나님 앞에 연약함을 고백하고 변화와 성장을 위해 기도한다. 부모에게는 어떤 수준의 성품의 결과보다 성품형성의 과정에서 자녀가 하나님을 찾고 의지하는 과정을 배우는 것이 더 소중하다. 부모는 이것이 바른 방향임을 알고 있기 때문에 선하신 하나님께 성품형성의 결과를 맡기고 자유함을 누린다.

관계중심 성품교육

방향성을 지향하는 접근은 자녀양육에서 가장 중요한 자녀와의 관계에 대단히 큰 영향을 준다. 목적지 지향적인 부모는 자녀와 친밀한 관계를 형성하기 어렵다. 목표지향적이므로 자신도 모르게 지적하고 야단을 치게 된다. 이런 부모의 훈육 태도는 특히 청소년 자녀의 반발을 사기 쉽다. 청소년기에는 독립성과 자율성을 자연스럽게 추구하는데, 이것이 침해받는다고 느끼기 때문이다.

반면 방향성을 지향하는 자녀양육은 '관계 지향적'이다. 자녀들이 성품을 형성해 가는 과정은 사람마다 차이가 있다. 어떤 아이는 정직한 성품은 뛰어나지만, 성실성은 부족한 경우도 있다. 방향성 지향적인 부모는 어떤 특정한 수준의 변화된 모습보다는 왜 이러한 성품이 중요한지를 자녀에게 가르치고 이해시키는 데 주력한다. 방향성 지향은 자녀의 행동보다는 '마음'을 다루는 훈육 방법인 것이다. 앞 장에서 배운 마음의 역동성을 이해하면 자녀의 성품이 마음의 표현이라는 것을 잘 안다.

바울이 자녀양육에서 부모들에게 경고한 것은 자녀들로 '노엽게(anger)' 하지 말라는 것이다. 화는 누군가로부터 마음에 상처를 받았을 때 느끼는 대표적 감정이다. 화가 있다는 것은 관계에 갈등이 있다는 것을 의미한다. 자녀가 부모를 향하여 분을 품고 있다는 것은 부모와 자녀 사이에 문제가 있다는 것이다. 바울은 부모가 자녀를 양육할 때 자녀의 행위나 성취가 아닌 자녀와의 관계에 중심을 두라고 가르치고 있다.

자녀양육과 관련하여 가장 자주 언급되는 자녀들의 자세는 '순종'이다. 십계명이 이를 포함하고 있고, 바울도 에베소서 6장에서 이를 언급하고 있다. 두 본문 모두 장수와 축복의 약속이 있는 계명임을 강조하며 순종의 중요성을 지적하고 있다. 종종 부모들은 자녀들의 순종 행위 자체에 집착하는 경향이 있다. 그래서 부모의 지시나 말에 따르지 않을 때 권위에 대한 반항으로 여기고 순종을 강요한다. 그러나 많은 경우 부모의 권위적 지시는 성공을 향한 부모의 욕망이나 성취의 기준을 담은 경우가 많다. 이러한 것을 강요받을 때 자녀는 마음에 부모를 향해 화를 품게 된다.

자녀의 순종은 자연스럽게 이루어지지 않는다. 부모에게 바로 순종하지 않는 것은 아직 어린 나이의 본능이라고 할 수 있다. 자녀를 순종하도록 지도하는 것은 부모의 역할이다. 부모는 순종과 공경이 지시나 훈계만을 통해서 이루어지지 않는다는 것을 알아야 한다. 이것이 바울이 주의 교훈과 훈계, 즉 사랑의 성품을 통한 자녀양육을 강조한 이유이다.

관계 속의 누군가에게 화가 있다는 것은 신뢰와 소통에 문제가 있다는 것을 의미한다. 좋은 관계란 서로 신뢰가 있고 정서적으로 친밀하다는 것이다. 신뢰와 친밀함은 부모와 자녀 사이의 건강한 소통을 가능하게 한다. 서로에 대한 신뢰는 사랑에 대한 신뢰이다. 자녀는 부모가 자신을 사랑하고 삶의 우선순위에 둔다는 것을 신뢰한다. 부모도 아이의 진정성과 가능성을 믿고 신뢰할 때 아이를 격려할 수 있게 된다.

이러한 신뢰는 대화를 통해서 전달되고 확인된다. 사실 모든 건강한 관계의 핵심은 소통이 가능한 관계이다. 부모의 성향이나 자녀의 나이에 따라 소통의 방식이나 빈도에 차이가 있을 수 있지만, 친밀한 표현과 감정은 모두 대화를 통해서 전달되고 느껴진다.

이상적인 성품교육은 성과 중심이 아닌 관계 중심으로 이루어진다. 부모가 자녀와의 관계를 우선순위에 둘 때 부모는 자연스럽게 본인의 성품에 관심을 두게 되고 성품 변화를 위해 노력하게 된다. 쉬운 예로, 자녀와의 관계를 우선시하는 부모는 화를 참는 '인내'를 배우고 실천하려고 할 것이다. 또한 자녀의 생각과 감정을 이해하는 '공감'과 '지혜'의 중요성을 깨닫고 이를 배우고자 할 것이다.

부모성품 중심의 성품교육

자녀양육에서 흔한 착각 가운데 하나는 자녀양육이 자녀에 관한 것이라는 착각이다. 그래서 부모는 자녀의 변화와 훈육에 집착한다. 그러나 자녀양육은 자녀가 아니라 부모에 관한 것이다. 성경은 부모에게 순종하고 그 말을 경청하라고 자녀에게 말한다. 그러나 이 가르침은 부모에게 하는 말로서, 이 내용을 자녀에게 잘 가르치라는 말이다.

부모를 공경하고 순종하는 자녀로 양육하기란 쉬운 일이 아니다. 강압적인 명령으로 되기보다는 부모의 양육 철학, 지혜, 양육 기술이 함께 동원되는 거대한 프로젝트이다. 자녀의 순종은 부모의 말이 아니라 하나님이 주신 부모의 권위에 순종하는 것을 배우는 것이다. 자녀가 순종하기를 바라는 부모는 먼저 부모의 권위를 세워야 한다. 권위란 억압적인 '권위주의'가 아니라 부모의 말과 삶 속에서 드러나는 권위를 말한다. 한마디로 부모의 성품이 권위를 보여 준다는 것이다.

권위 있는 부모가 되려면 '신실함'과 '하나됨'의 성품을 배워 가야 한다. 자녀에게 한 약속을 지키는 신실함을 가질 때 부모를 향한 자녀의 믿음이 깊어진다. 부부가 자녀양육에서 원칙과 훈육이 일치하는 '하나됨'을 견지할 때 자녀는 부모의 말에 권위를 느낀다. 원칙과 훈육 방식을 두고 서로 다투는 부모를 보고 자란 자녀는 부모의 권위에 의문을 품게 된다.

이처럼 자녀들에게 가장 큰 영향을 주는 것은 부모의

성품이다. 가정생활의 특징은 서로의 모습이 가감 없이 드러난다는 것이다. 삶의 민낯을 가장 잘 보여 주는 현장이기 때문이다. 가정에서 부모는 삶을 통해 성품을 드러내고 자녀는 이를 보고 배우게 된다. '성실'한 부모의 모습을 보고 자녀도 성실의 소중함을 배우게 된다. 그리고 부모가 성실의 소중함을 안다면 이 성품을 가정을 포함한 여러 삶의 현장에서 실천할 수 있도록 자녀에게 가르치고자 할 것이다.

성품은 행동과 감정으로 많이 표현된다. 자녀양육에 미숙한 부모들은 대부분 본인의 말과 행동이 자녀들에게 얼마나 큰 힘과 영향력이 있는지 모른다는 공통점을 가지고 있다. 부모들의 감정 상태 또한 자녀들에게 영향을 준다. 부모가 불안할 때 아이들도 불안을 느끼고 안정을 찾지 못한다. 자녀가 위기를 겪고 있거나 고통을 당하고 있을 때 부모들이 흔들리지 않고 먼저 안정된 모습을 유지하는 것이 중요하다. 반대로 함께 불안해하고 안절부절못하면 아이들의 상태는 더 악화하여 회복이 느려지게 된다.

부모는 부모가 되면서 자녀에 대한 권한과 주도권 그리고 영향력을 자연스럽게 부여받게 된다. 그래서 하나님은 부모를 먼저 변화시키고자 한다. 영향력과 주도권을 가진 부모가 변할 때 자녀도 변하기 때문이다. 부모들은 자녀양육 과정에서 하나님이 변화시키고자 하는 사람은 자녀가 아니라 부모 자신이라는 사실을 깨달아야 한다. 하나님은 자녀를 변화시키기 전에 먼저 부모를 변화시킨다. 이 순서를 부모가 명심해야 한다. 그러나 안타깝게도 많은 부모가 자신은 변화하려고 하지 않고 아이들을 변화시키려 한다. 자녀의 변화에 먼저 집착하는 부모들은 자녀들을 압박하고 통제하기에 자녀와의 관계가 악화될 수밖에 없다.

성품교육의 실질적 접근

에베소서 본문이 가르치는 성품교육의 원리는 부모가 하나 되어 함께 실천할 때 가능하다. 그리고 성품교육의 열매를 막는 실질적인 이유 중의 하나는 훈육과 잔소리를 구분하지 못하기 때문이다.

'원팀' 부모가 되라

부모가 가정에서 성품교육을 잘 수행하려면 '원팀(one team)'이 되어야 한다. '원팀'이란 성향이 다른 사람들이 어떤 목적을 이루기 위해 하나가 되는 것을 의미한다.

성경에서 가르치는 결혼의 가장 큰 원칙은 바로 부부가 '원팀'이 되는 것이다. 창세기 2장 24절은 결혼에 대하여

"남자가 부모를 떠나 그의 아내와 합하여 둘이 한 몸을 이룰지로다"라고 말한다. 이것은 결혼에 대한 성경적 정의라고 할 수 있다. "한 몸"에서 '몸'이란 육체라기보다는 한 사람(person)을 의미한다.[11] 이는 요엘 선지자의 예언을 이해할 때 분명해진다. 요엘은 성령이 모든 '육체(flesh)'에 부어준다고 했다. 이때 '모든 육체'는 남녀노소를 포함하는 모든 사람을 의미한다.

그리고 서로 다른 두 사람이 '한 사람'이 된다는 것은 육체적으로나 물리적으로 하나가 된다는 의미라기보다는 두 사람의 삶의 가치관, 의미, 목적이 하나 되어 간다는 말이다. 예수님이 제자들을 위해서 기도할 때도 하나님 안에서 하나가 되도록 간구하였다(요 17:21-23). 이는 예수께서 하나님과 그 나라를 구하였듯이 제자들도 이를 구하고 사모하는 뜻에서 '하나(unity)'가 되어야 한다는 것이다.

부부는 결혼생활을 통해 하나님 안에서 행복의 의미, 삶의 가치관 그리고 자녀양육에서 하나가 되어 간다. 삶의 경험과 가치가 다른 두 사람이 하나가 된다는 것은 쉽지 않다. 그러나 부부가 하나님을 알고 신실하게 배워 갈 때 하나님의 말씀이 두 사람이 하나 되는 기준을 제시해 주기에 가능하다. 자녀양육에서 부부가 원팀이 되면 효과적으로 자녀를 양육할 뿐만 아니라 이는 부모를 향한 하나님의 의도라고 할 수 있다. 부부는 자녀양육 과정을 통해 서로 하나 되어 가는 것을 배우며 성숙해지기 때문이다.

원팀이 강조되어야 할 또 다른 이유는 부모가 원팀이 되어 가는 과정에서 부모의 성품이 개발되고 그 능력을 발휘하기 때문이다. 부부가 하나가 되기 위해서는, 서로의 의견이 다를 때 주장하는 의견을 내려놓고 조정할 필요가 있다. 의견 조정은 대화와 타협을 통해서 이루어진다.

좋은 대화와 타협을 이루기 위해서 필요한 성품은 '공감'과 '존중'이다. 공감을 통해 부부는 상대방의 입장이 되어 생각과 감정을 이해하고자 한다. 존중을 통해서는 서로에게 무례하지 않고 인격과 위치를 인정한다. 또한 어려운 일을 헤쳐 나갈 때 서로를 향한 '돌봄'과 '위로'는 부부를 하나가 되게 한다. 자녀양육은 에너지가 필요하고 스트레스가 많은 일이기에 서로를 위로하고 필요를 채워 주는 돌봄의 자세가 필요하다. 자녀양육을 하면서 부부의 하나 됨을 추구할 때 '공감', '존중', '돌봄', '위로'와 같은 성품의 필요를 알게 된다. 그리고 이 성품이 잘 개발되고 형성되도록 하나님의 도움을 구하는 기도를 하게 된다.

원팀 부모의 유익

원팀 부모가 되는 가장 큰 유익은 부모가 자녀양육의 주도권을 행사하고 자녀에게 심리적 안정감을 준다는 것이다. 자녀양육에서 부모가 한목소리를 낼 때 자녀는 부모의 권위를 느낀다. 반대로 부모가 전하는 메시지가 서로 다르고 충돌할 때 자녀는 혼란스러워한다. 심하면 부모가 의견 충돌로 자녀 앞에서 다투기도 한다. 부모가 자녀 앞에서 자주 다투는 것은 자녀의 마음에 심리적인 불안을 일으키고, 이것이 습관화되는 경우 불안이 내면화되어 심각한 정서적 문제로 연결될 수 있다.

두 번째 유익으로 원팀 부모는 자녀양육 과정에서 성장과 성숙을 경험하게 된다는 것이다. 그리고 이 성장의 과정과 결과는 긍정적 기억이 되어 행복한 가정의 자산으로 남는다. 자녀양육에서 겪는 어려움을 부부가 한마음이 되어 극복할 때, '우리 부부는 어려움이 닥쳐도 이것을 극복할 수 있는 능력이 있고 이를 통해 우리가 더 성장해 가는구나'라고 생각하며 결혼과 배우자에 대한 자신감과 확신을 갖게 된다. 자녀양육의 즐거움은 아이들이 잘 자라는 것을 보는 것뿐만 아니라 본인들이 성장하며 서로에 대한 신뢰와 사랑이 깊어져 가는 것을 경험하는 것이다. 반면 자녀양육을 하며 갈등을 겪을 때마다 결혼과 가정에 대한 회의는 더 깊어진다.

원팀 부모가 아닐 때는 자녀양육에 여러 부작용을 초래한다. 무엇보다 가정 분위기가 침울해질 가능성이 높다. 어떤 결정이나 일을 추진하는 데 있어서 의견 조정이 되지 않는다는 것은 관계 안에 갈등이 잠재적으로 존재한다는 의미이다. 그래서 부부가 자신의 의견을 적극적으로 표현하기를 주저하거나 서로 눈치를 보게 된다. '우리는 어차피 말해도 소용이 없어'와 같은 생각을 하게 되며, 이는 가정 내 대화를 줄인다. 대화가 없는 가정은 전반적으로 분위기가 활발해지지 못하고 가라앉는다.

또 다른 부작용으로는 자녀가 가정의 중심이 된다는 것이다. 가정의 중심은 부부가 되어야 한다. 그러나 요즘의 가정은 자녀의 필요를 충족시키는 자녀 중심 가정이 되어 가고 있다. 자녀양육에서 하나가 되지 못하는 부모는 양육을 주도하기보다 자녀의 필요를 따라가는 '수동적인 양육'을 하기 쉽다. '수동적인 양육'이란 부모가 계획성과 목적을 가지고 주도적으로 하기보다 자녀의 다양한 필요와 상황에 끌려가면서 그 필요를 채워 주기에 급급한 것이다.

아이들은 지속적으로 정서와 물질적인 필요가 생기고 아이의 상황은 부모의 개입을 요구한다. 어린이집이나 학교에 보내고 데려오며, 여러 학원을 선정해 주고, 필요한 것들을 사주고, 학교생활이나 친구 관계에 문제가 생기면 개입하여 해결해 주는 등 부모가 할 일이 가득하다. 이렇게 아이들의 필요를 채우느라 한없이 바쁘므로 부모가 결혼생활을 위해 함께 시간을 보내거나, 가정과 자녀양육에 관해서 대화하고 계획하는 일은 우선순위에서 밀려난다. 그러나 원팀 부모는 원팀이 되기 위해 부부가 함께 시간을 보내며 정서적인 연합을 유지하는 데 관심을 둔다. 그리고 여기에 기초하여 자녀양육의 계획과 방식에 대해 의견을 나누며 주도해 간다. 그러나 원팀이 되는 데 문제가 있는 부모는 오히려 함께 보내는 시간과 자녀양육에 관해 대화를 부담스러워하며 회피하는 경향이 있다.

자녀양육은 부모와 자녀가 성품을 개발하고 형성하는 이상적인 기회를 제공한다. 자녀의 성품교육을 위해 부모가 먼저 성품에 관심을 두고 자녀양육 과정에서 이를 실천해야 한다. 사실 교회 성품교육에서 다루는 성품들은 모두 자녀양육과 직간접적으로 관련이 있다. 성경적 성품교육의 근간이 되는 하나님의 성품은 부모와 자녀가 성경적 관점에서 삶과 세상을 바라보는 세계관을 갖도록 한다. 특별히 '공감', '오래참음', '수용', '경청', '협력', '분별', '사랑', '존중', '일관됨', '긍정성', '사려깊음'은 직접적으로 자녀양육과 관련이 있는 성품들이다.

훈육과 잔소리를 구별하라

성품교육에서 훈육과 훈계는 중요하다. '훈육'이란 성품을 가르쳐 지키게 하는 것이다. '훈계'는 잘못에 대한 벌을 포함하는 개념이다. 부모는 자녀의 나이, 성숙의 수준에 따라 지혜로운 훈육과 훈계를 해야 한다. 일반적으로 훈육과 훈계는 행동과 말의 수정과 관련이 있다. 어릴수록 직접적인 훈육과 훈계가 필요하지만, 아이가 학교에 들어가고 자랄수록 자발적 변화를 유도해야 한다. 특별히 자신이나 타인을 해하는 위험 행동, 훔치거나 거짓말을 하는 등 윤리적 문제에는 단호한 훈육과 훈계가 필요하다.

많은 부모가 하는 실수 가운데 하나는 자녀의 행동 변화에만 관심을 가지고 훈육과 훈계를 통한 빠른 변화와 성과에 집중한다는 것이다. 이런 부모들은 훈육과 훈계에 대한 '방법들(how-to)'을 지속적으로 찾아 나선다는 특징이 있다. 대부분의 경우 자녀의 행동 수정에는 시간이 걸린다. 오히려 빠른 변화를 추구하다가 문제가 악화되거나 자녀의 마음에 상처를 주는 경우가 많다. 부모가 이렇게 하는 이유는 자녀양육이 자녀의 행동 변화와 관련된다고 믿기 때문이다.

그러나 지혜로운 부모는 자녀의 변화에 시간이 걸린다는 것을 안다. 그리고 자녀를 변화시키는 것은 훈계가 아닌 사랑과 관심 그리고 격려와 같은 성품임을 잘 인지하고 있다. 이와 같은 부모의 성품에 의한 양육은 자녀에게 변화와 성장에 동기를 부여하게 되고 점진적 변화를 가져온다.

관계중심의 성품교육을 막는 부모의 대표적 습관은 '잔소리'이다. 잔소리(nagging)란 반복해서 잘못을 지적하거나 야단을 치는 것을 말한다. 어떤 부모는 자녀양육에서 잔소리는 피할 수 없는 훈육의 일부라고 여기며 이를 합리화하기도 한다. 그러나 잔소리는 훈육이 아니며 오히려 건강한 자녀양육을 방해하는 잘못된 습관이다. 훈육은 적절한 타이밍에 아이가 배우고 수정해야 할 것을 효과적으로 가르치는 것이다. 반면 잔소리는 부모가 반복적으로 아이의 잘못을 불필요하게 지적, 지시하거나 야단치는 것을 말한다.

잔소리는 건강한 자녀양육을 위해 가장 삼가야 할 것이라고 할 수 있다. 그런데 왜 잔소리를 계속하게 될까? 여기에는 몇 가지 이유가 있다. 무엇보다 잔소리가 당연하다고 여기는 것이다. 양육하다 보면 말을 듣지 않는 아이를 위해서 할 수밖에 없다는 것이다. 아이들이 잘되라고 하는 것이기에 일종의 사랑 표현이라고 생각하기도 한다.

잔소리의 또 다른 이유는 부모 마음에서 흘러나오는 걱정과 불안 감정 때문이다. 어느 부모나 자녀에 대한 걱정은 있기 마련이다. 문제는 걱정이 만드는 불안한 마음을 어떻게 다루느냐이다. 불안을 다루는 미숙한 방식은 감정을 부적절하게 표현하는 것이다. 가장 지혜롭지 못한 방법 가운데 하나는 감정을 실어서 잔소리를 하는 것이다. 어떤 부모는 자녀들의 학업이나 미래에 대한 걱정을 감당할 수 없어 이를 잔소리로 표현한다. 이런 잔소리에는 대부분 "어쩌려고 그러느냐?", "엄마가 얼마나 힘들겠니"와 같은 책망이나 한탄조가 들어간다. 아이들은 잔소리를 들으면서 동시에 고스란히 부모가 가진 걱정의 짐을 지게 되고, 이는 자녀들의 정서 발전에 도움이 되지 않는다.

잔소리 습관을 극복하는 방법

그렇다면 어떻게 자녀를 향한 잔소리를 막을 수 있을까? 먼저 부모가 잔소리가 주는 피해를 깨달아야 한다. 무엇보다 잔소리는 부모의 권위를 무너뜨린다. 부모는 부모의 권위를 믿고 이를 살리기 위해서 잔소리하지만, 오히려 반대 효과를 가져온다.

2015년 미국 피츠버그 의대와 UC버클리, 하버드 대학 공동 연구팀이 만 9세에서 17세 청소년 32명에게 각자 어머니의 잔소리를 녹음한 음성을 30초 정도 들려주고 뇌의 활성도를 측정하는 실험을 하였다.[12] 실험 결과 부모의 잔소리가 자녀의 생각, 감정 그리고 뇌 발육에 영향을 미친다는 것이 밝혀졌다. 먼저 부모의 잔소리는 자녀의 이성적 사고를 멈추게 하여 부모의 말을 무시하게 만든다. 잔소리를 반복할수록 부모의 말은 그 권위를 잃는다. 마치 '양치기 소년' 효과와 같다. 중요한 말을 할 때도 자녀에게는 '또 잔소리구나'라는 생각이 제일 먼저 스쳐 지나간다. 자녀양육에서 부모가 말의 권위를 잃어버리면 양육이 성공적으로 이루어지기는 불가능하다.

둘째로, 자녀와의 관계에 문제가 발생한다. 부모와 자녀가 느끼는 친밀함은 함께 보내는 시간과 대화에서 온다. 그런데 잔소리는 대화와 함께하는 시간을 지속적으로 감소시킨다. 잔소리에 자녀는 불편함을 느끼고 부모와 함께하는 시간과 공간을 피하고 싶어 한다.

세 번째로, 잔소리의 부작용은 자녀의 정신건강에 문제를 일으킬 수 있다는 것이다. 부모의 격려와 칭찬은 자녀에게 힘과 용기를 주어 마음을 건강하게 한다. 반면 잔소리에는 기본적으로 지적, 야단, 지시와 같은 부정적인 내용이 들어 있다. 이렇게 부모의 반복되는 부정적인 잔소리는 자녀를 위축시켜서 자존감을 약하게 만든다. 부모는 자녀를 위해서 한다고 하지만 안타깝게도 자녀에게는 그렇게 다가오지 않는다. 부모의 잔소리는 대부분 자녀에 관한 부정적인 판단을 담고 있기에 자녀는 부모의 이런 부정적인 관점으로 자기 자신을 바라보게 된다.

또한 잔소리는 자녀가 부모 앞에서 자기 생각과 감정을 표현하는 것을 주저하게 만든다. 사람은 자기 생각을 표현하고 상대가 이를 경청하는 모습을 보면서 자존감과 자신감을 생성해 간다. 많은 부모가 자녀가 자신감 있게 자라기를 바라지만 자신의 잔소리가 자녀의 자존감을 약화시키는 주요 요인이 된다는 것을 잘 알지 못한다.

잔소리를 극복하려면 부모는 궁극적으로 에베소서 6장 1-4절이 가르치는 성품교육의 원리를 실천해야 한다. 자신이 가지고 있는 행동의 기준에 집착하기보다 하나님 안에서의 변화 과정에 초점을 맞추어야 한다. 그리고 자녀양육의 본질이 자녀의 성취나 행실이 아닌 건강한 관계에 있음을 알아야 한다. 그러기 위해서 부모는 하나님 안에서 자기 자신을 먼저 성찰하고 주님의 가르침에 기초한 성품 개발과 형성에 관심을 가져야 한다.

특별히 부모는 '원팀'이 되어 주님의 가르침과 훈계(엡 6:4)의 핵심인 사랑의 성품을 어떻게 실천할지 고민해야 한다. 예를 들어 부모와 자녀의 사랑 관계를 구체적으로 보여 주는, 자녀를 향한 '존중', '공감', '격려'의 성품을 배우고 실천해야 한다. 자녀는 하나님의 형상을 지녔으며 하나님의 선물이다. 부모가 하나님의 자녀를 맡은 청지기로서 자녀를 존중하여 다룰 때 자녀도 부모를 공경하게 된다.

   공감은 자녀의 입장이 되어서 자녀를 이해하는 것이다. 부모들이 종종 하는 실수는 자녀를 어른 수준으로 여기고 순종과 변화를 기대하는 것이다. 공감을 통해 자녀의 입장이 되어 생각과 감정을 느껴볼 때, 부모는 자녀가 갖는 생각과 고민을 이해하고 느끼게 된다. '격려'는 삶 속에서 자녀를 '인정', '칭찬', '위로'로 대하는 것이다. 격려의 원뜻은 '힘을 주는 것'이다. 하나님이 은혜로 우리에게 힘을 주듯이 부모도 격려를 통해 긍정적인 동기를 제공해 줄 수 있다. '존중', '공감', '격려'는 잔소리를 막고 해결하는 성품으로 주님의 사랑을 구체적으로 표현하고 실천하는 것이다.

"여호와는 나의 목자시니 내게 부족함이 없으리로다"

시 23:1

4장
성품과 하나님나라

"하나님의 나라는 말에 있지 아니하고 오직 능력에 있음이라"(고전 4:20).

"하나님의 나라는 너희 안에 있느니라"(눅 17:21).

성품을 통해 임하는 하나님나라

앞에서 배웠듯이 성경적 성품과정의 특징은 '목적지'가 아니라 '방향성'을 지향한다는 것이다. 여기서 '방향성'이란 성품의 모양이 아니라, 하나님과의 관계 속에서 성품이 형성되는 '과정'을 중요하게 여긴다는 것이다. 성품은 우리의 노력이라기보다는 하나님의 능력과 은혜 안에서 점진적으로 형성되기 때문이다. 그러므로 성품형성 과정 가운데 드러나야 할 것은 우리가 가진 성품의 모양이 아니라 하나님의 능력과 은혜이다.

바울이 고린도 교회에 말한 대로 하나님의 능력이 임재하는 것이 하나님나라의 특징이다(고전 4:20). 하나님의 통치와 능력이 임하는 곳이 하나님나라이기 때문이다. 하나님의 통치와 능력이 임할 때 잘못된 모든 행실을 바로잡고 하나님의 신성한 성품을 본받아 교회와 신자들은 변화될 것이다.

그러므로 하나님의 성품을 닮아 가는 성품형성의 과정은 하나님의 통치가 우리 안과 공동체 안에 임하는 것이다. [13] 예수님은 하나님나라가 '너희 안(within 또는 among you)'에 있다고 말한다. [14] 하나님의 성전인 내 안에 하나님의 통치가 임할 때 하나님을 닮은 성품이 형성되어 가고, 성품의 특성에 따라 나, 인간관계, 그리고 공동체로 하나님의 나라가 확장되어 간다.

하나바이블 성품과정 2단원에서 다루는 성품들을 통해 하나님나라의 확장성을 알아보자. 2단원에서는 하나님의 선하신 성품을 중심으로 긍정성, 격려, 환대의 성품을 배운다. 하나님의 '선하신' 성품을 닮을 때 우리 안에 선한 성품과 함께 '긍정성', '격려', '환대'의 성품이 형성된다. 긍정성의 성품이 형성될수록 '내'가 처한 어려운 상황에서 밝은 부분을 보는 자세가 형성된다. 격려의 성품은 인정과 칭찬을 통해 '관계' 속에서 서로에게 힘과 용기를 준다. 환대의 성품은 소외된 자들을 받아들이고 존중하며 '공동체'를 세워 간다. 이처럼 하나님의 성품을 닮아 가는 과정에서 기독교인들은 성품을 통해 각각 우리 삶의 어떤 부분에서 하나님의 나라가 임하고 확장되어 가는지 경험하게 된다.[15]

하나님나라와 개인 영역의 성품

하나님의 통치와 능력이 개인의 성품 영역에 임할 때 개인은 하나님에 대해서 배우고, 삶의 목적과 기준을 정하고, 건강한 정신을 갖게 된다.

성품을 통해 하나님을 배움

영적으로 건강한 사람은 하나님과 좋은 관계를 누린다. 모든 좋은 관계가 서로를 아는 것을 통해 세워지듯이 하나님과 좋은 관계를 맺으려면 하나님을 아는 지식이 있어야 한다. 신자는 성경을 통해서 하나님을 믿고 알아 간다.

하나님의 성품을 배움으로 하나님을 알아 가고 결과적으로 하나님과 좋은 관계를 맺을 수 있다. 대표적인 하나님의 성품으로 '거룩', '진실', '선함', '성실', '용서', '오래참음', '긍휼', '지혜', '온유', '영광'이 있다. 성품을 통해서 하나님을 아는 것은 하나님의 신성한 특성만을 알아 가는 것이 아니다. 하나님의 성품은 하나님의 일하시는 방식을 보여 준다. 그래서 신자는 하나님의 성품을 배우며 역사와 삶 속에서 일하시는 하나님을 역동적으로 알아 간다.

하나님의 거룩하심, 의로우심, 선하심, 진실하심, 영광과 같은 성품은 참하나님으로서 신적 특성을 드러낸다. 신자는 이와 같은 하나님의 본성을 닮아 가는 삶을 살며 그 성품에 참여한다(벧후 1:4). 대표적 예로, 베드로전서 1장 16절의 권면대로 하나님이 거룩하시니 우리도 거룩한 삶을 살고자 한다. 하나님의 의로우심을 본받아서 공평과 공의를 실천하고, 신실하심을 본받아 말과 행동이 일치하는 삶을 살고자 한다.

말씀을 통해서 하나님의 성품을 알아 갈 때 또한 하나님의 일하는 방식을 배우게 된다. 하나님의 '용서'의 성품은 그리스도를 통한 하나님의 구원계획을 보여 준다. 마태복음 18장의 용서에 관한 비유는 하나님의 용서하시는 은혜에 감동하여 형제를 용서하는 삶을 살아야 함을 가르친다. 또한 용서는 우리의 힘과 의지로 온전히 이루어질 수 없고, 하나님의 은혜를 의지할 때 가능함을 가르치고 있다. 하나님이 사람을 불쌍히 여기는 '긍휼'과 '오래참음'은 구원 사역에 흐르는 하나님의 성품이다. 하나님의 구원은 사람을 향한 일방적 긍휼과 오래참음의 결과이기 때문이다. 죄와 이기심이 가득한 사람 안에는 하나님의 긍휼과 오래참음의 성품을 발견할 수 없다. 신자는 하나님을 알고 성품을 닮아 가며 그분의 긍휼과 오래참음, 용서를 배우고 실천해 가는 것이다.

성품을 통한 삶의 기준과 방향 설정

신자는 하나님의 성품을 닮아 갈 때 삶의 바른 기준과 방향을 설정해 가는 유익을 누린다. 예를 들어 하나님의 '거룩함'은 세상의 부패와 구별되는 지혜로운 선택을 하게 하고, 하나님의 '선하심'을 따라 선을 베푸는 삶을 살고자 한다. 그리고 무엇을 하든지 삶의 전 영역에서 하나님을 '영화롭게' 하고자 한다(고전 10:31).

오늘날 우리 자녀들은 인간관계와 미디어에서 많은 거짓과 미혹을 접하게 된다. 친구들로부터 잘못된 선택을 강요받는 상황, 다른 사람의 따돌림에 은근히 참여하게 하는 유혹, 다른 사람을 차별하는 상황이다. 수시로 접하는 다양한 SNS(소셜네트워크)는 자녀들에게 잘못된 정보와 세계관을 전달한다. 그러나 자녀들이 하나님과의 관계 속에서 성품을 형성해 갈 때 이러한 것들을 판단하는 기준과 관점을 배워 바른 선택과 행동을 하도록 돕는다.

하나님 안에서 배우면서 형성해 가는 성품은 개인의 삶

에 실제적인 유익을 주기도 한다. 예를 들어 부지런함을 의미하는 '성실', 고난이나 장애를 극복하는 '용기', 변화된 상황에 잘 적응하는 '유연성'이 대표적 예이다. 부지런함은 모든 일을 잘 수행할 때 기본적 자세이다. 용기는 자신의 한계를 넘어 창의성을 발휘하도록 만드는 중요한 개인적 자원이다. 유연한 성품을 개발할 때 변화된 상황에 경직된 자기주장이나 자세를 고집하지 않고 적응력을 발휘할 수 있다.

이처럼 하나님과의 관계 속에서 형성된 성품은 우리가 진정 무엇을 위해 살아야 하는가 알려 주는 삶의 목적의식과 방향을 설정하도록 돕는다. 일반적으로 삶의 목적과 방향이 바르고 분명하면 건강한 정신을 갖게 된다. 그리고 삶의 방향을 상실할 때 정신건강에서 어려움을 겪는 경우가 흔하다.

성품을 통한 건강한 정신과 마음

하나님 안에서 성품형성을 이루어 갈 때 개인이 얻는 중요한 유익은 건강한 정신과 마음이다. 오늘날 가장 광범위하게 퍼져 있는 정신건강 문제는 불안, 우울, 중독이다. 불안과 우울은 감정과 관련된 정서 문제이고, 중독은 중독 대상을 선택하는 문제이기에 주로 행위 문제로 분류된다. 그러나 이 세 문제는 서로 연결되어 있고 실제로 증상이 함께 나타나는 경우가 많다.

예를 들어 SNS 중독 문제를 경험하는 청소년은 우울과 불안 증상을 가지고 있는 경우가 많다. 자녀들은 종종 학업의 압박감 그리고 친구 관계 문제로 걱정이 많을 때 SNS에 몰입하게 된다. 그러나 자랑과 화려함으로 가득한 내용을 보면서 다른 사람과 비교하게 되고 이는 아이들을 우울하게 만든다. 이처럼 여러 정신 증상이 한 사람 안에서 일어나기 때문에 정신건강 문제는 결국 그 사람이 가지고 있는 마음 상태에 기인한다. 그리고 성품은 마음 상태와 자세가 표현된 것이기에 성품은 정신건강과 밀접한 관계가 있다.

불안 문제는 성품이 정신건강 문제를 예방하는 대표적인 예이다. 지금 시대는 불안의 시대라고 해도 과언이 아니다. 불안은 염려와 두려움의 결과이다. 부모와 자녀가 모두 미래가 보장되지 않은 불확실성 시대에 살고 있으므로 앞날에 대한 걱정과 두려움이 많다. 외모에 민감한 자녀 세대는 친구들과 세상에 자신이 어떻게 보이는지 걱정한다. 또한 다양한 미디어를 통해 보도되는 사건과 사고를 접하면서 세상을 두려워하고 자신의 삶을 걱정하게 된다.

성경은 불안에 대해 영적 조언을 하는데 바로 하나님의 성품을 통해서이다. 불안을 멈추는 것은 마음의 평안이다. 그리고 성경은 하나님을 온전한 평안을 제공하는 평강의 하나님으로 묘사한다(빌 4:7). '신실', '돌봄', '일관됨'과 같은 하나님의 성품은 하나님 안에서 신자가 평안을 누릴 수 있는 근거이다. 성경은 지속적으로 하나님을 그의 백성의 필요를 채우는 '돌보시는 하나님'으로 묘사하고 있다. 예수님은 들풀도 돌보는 하나님의 모습을 이야기하면서 염려하지 말라고 가르친다(마 6:30). 또한 모든 것을 이기는 강하신 하나님이 이스라엘과 함께하기에 세상 무엇도 두려워할 것이 없음을 가르치고 있다. 이 말씀을 우리가 믿을 수 있는 것은 하나님이 약속을 지키는 '신실'하신 하나님이기 때문이다. 또한 하나님은 '일관성'이 있으시기에 이스라엘을 돌보고 지키신 과거 일을 오늘날 우리에게도 그대로 행하신다. 이렇게 부모와 자녀는 하나님의 성품을 통해 하나님을 배우고 닮아 갈 때 하나님이 주시는 평안을 추구하며 세상이 주는 걱정과 두려움을 극복해 간다.

성품은 또한 우울 문제를 예방한다. 우리나라는 세상에서 가장 우울한 나라로 알려져 있다. 오랫동안 세계 1위 자살 국가라는 오명을 가지고 있다. 자살을 시도한 사람은 대부분 극심한 우울감을 겪은 사람이다. 안타깝게도 청소년과 청년의 사망 원인 1위도 자살이다. 자녀들 가운데 우울 문제는 심각하고 그 연령대가 점점 하향하는 추세이다.

자녀를 양육하는 부모는 하나님 안에서 형성해 가는 '자족'과 '기쁨'의 성품이 우울감을 예방하고 극복하는 데 도움을 준다는 것을 명심해야 한다. 자족의 반대는 불만족인데 사람의 불만족은 다른 사람과 비교할 때 느끼게 된다. SNS에 쏟아져 나오는 다른 사람의 성취, 자랑, 즐기는 삶과 자신을 비교할수록 사람은 위축되고 자신과 주변을 원망하기 쉽다. 많은 연구가 자녀의 우울감을 유발하는 SNS의 부정적 영향을 확인해 주고 있다. 삶의 불만족이 팽배한 이 세대에 성경은 그리스도 안에 온전한 만족이 있음을 가르치고 있다. 바울은 로마 감옥에서 그의 기쁨을 유지하는 비결이 그리스도 안에서 배우는 자족에 있음을 분명하게 증거하고 있다(빌 4:11).

빌립보서에 기술된 바울의 예는 '기쁨'이 우울과 낙심을 예방하는 성품임을 보여 준다. 우울한 사람이 느끼는 주요 감정 가운데 하나는 슬픔이다. 우울이 심한 사람은 그의 인생이 슬프고 세상 자체가 슬픈 곳이라고 느낀다. 슬프다는 것은 마음속에서 기쁨이 서서히 사라져 가는 현상이다. 성경은 지속적으로 즐거움의 근원이 하나님이고 신자는 하나님 안에서 기쁨을 누릴 수 있다고 약속한다(갈 5:22, 빌 4:4). 하나님이 주는 즐거움은 세상이 주는 것과는 다른 참되고 건강한 즐거움이다. 부모와 자녀는 하나님 안에서 누리는 건강한 즐거움을 개발하고 누릴 때 세상이 주는 낙심과 우울에 대항할 수 있다. 세상은 여러 모양으로 건강하지 못한 즐거움을 제공하고 신자들을 유혹한다. 그러나 하나님 안에서 형성되어 가는 '기쁨'은 '건강한' 즐거움의 의미를 알고 추구하게 한다.

건강한 즐거움을 추구하는 성품이 중요한 이유는 중독 문제가 '해로운 즐거움'을 추구하는 욕구에서 기인하기 때문이다. 사람은 즐거움을 추구하는 존재이다. 우울과 불안으로 마음이 힘들 때는 이러한 감정을 달래기 위해서 위로를 주는 즐거움을 추구한다. 자녀들도 SNS가 주는 재미를 즐기기 위해서 SNS에 탐닉한다. 게임, 술, 담배, 도박 등 모든 중독 문제는 잘못된 대상에서 해로운 즐거움을 찾기 때문이다.

중독 문제를 예방하고 대항하는 성품은 '절제(self control)'이다. 절제는 감정과 행동을 통제하여 욕구와 충동대로 하지 않는 성품이다. 절제는 자녀들이 쉽게 접하는 게임이나 SNS와 같은 중독 대상에 대한 욕구를 통제하는 능력이다. 디도서에서 바울은 세상의 욕망에서 자신을 지키기 위해 신자들이 절제해야 할 것을 가르친다(2:12). 또한 부모와 자녀들이 무언가를 성취하려면 절제의 성품을 개발해야 한다(고전 9:25).

자녀들은 아직 어리고 의지가 약하기 때문에 욕구를 절

제하기가 쉽지 않다. 바울이 로마서에서 말하듯이 사람 안에 있는 죄의 속성은 사람의 의지와 갈등을 일으키고, 죄는 선한 의지를 이기는 경우가 많기 때문이다(롬 7:19-20, 갈 5:16-17). 그러므로 여기서 중요한 것은 해로운 즐거움이나 욕구에 노출될 때, 해로운 즐거움이 주는 위험을 알고 그때마다 하나님을 찾고 그분을 의지하는 자세를 배우는 것이다. 절제가 성령의 열매이듯이 하나님 안에 절제의 능력이 있기 때문이다.

위와 같은 하나님의 나라와 능력이 개인의 내면과 삶에 임할 때 성품이 형성된다. 그리고 이 여러 성품은 개인의 영적, 실용적, 정신적 영역에서 유익을 주고 삶의 열매를 맺도록 한다.

건강한 관계를 세우는 성품

하나님은 사람을 관계 속에서 살아가는 존재로 만들었다. 무엇보다 사람은 하나님과의 관계 속에 있다. 하나님이 결혼이라는 제도를 만든 것은 사람이 궁극적으로 홀로가 아니라 여러 사람과의 관계 속에서 살게 하기 위함이다. 개인은 인간관계 속에서 개인의 안정과 소속감을 느끼고 정서와 실제적 지지를 받는다. 특별히 가까운 사람들

사이의 관계는 개인에게 깊은 영향을 준다.

얼마 전 하버드 대학은 약 70년에 걸친 연구에서 사람의 행복이 가까운 사람들과의 관계 수준에 의해 결정된다고 보고하였다.[16] 행복의 일반적 기준으로 여겨지는 명성과 배경을 가진 하버드 졸업생들이 인간관계가 행복의 비밀이라고 공통적으로 고백한 것이다.

사람에게 중요한 대표적 인간관계는 가족 그리고 친밀한 친구, 교인 등 소수의 가까운 사람이다. 하나님 안에서 형성해 가는 여러 성품은 이러한 소중한 관계가 건강하게 세워져 갈 수 있도록 만든다. 특히 성품교육에서 다루는 '존중', '공감', '경청', '격려'와 같은 성품은 관계 가운데 하나님의 나라가 임할 때 형성되는 것들이다.

존중: 건강한 인간관계의 기본

모든 건강한 인간관계의 기본은 상대를 존중하는 것이다. 존중이란 상대를 높이고 소중히 여기는 것이다. 모든 사람은 하나님의 형상을 가지고 있기에 존중받을 자격이 있다. 그래서 베드로는 모든 사람을 존중하고 공경으로 대하는 것이 하나님의 선을 행하고 영화롭게 한다고 가르친다(벧전 2:12-17). 존중은 다양한 모습으로 표현된다. 그 사람의 존재를 인정하는 것, 상대방의 말을 경청하는 것 등 다양하다. 존중의 반대는 무시당하는 것이다. 인간관계에서 무시당한다고 느낄 때 사람은 상처받고 상대방을 향하여 화를 품게 된다. 관계 갈등이 일어나는 주요 원인 중의 하나는 서로 간의 존중이 사라졌을 때이다.

가족관계에서도 존중은 행복한 가족의 바탕을 이룬다. 바울은 부부 관계의 핵심은 그리스도를 경외함으로 서로 순종하는 것이라고 했다(엡 5:21). 그리스도 안에서 서로 순종하라는 것은 무시하지 말고 존중하라는 의미이다. 그리스도 안에서 아내가 남편에게 순종하고 남편이 아내를 사랑하는 것은 서로가 존중할 때 가능하다. 앞에서 자녀양육의 핵심은 부모가 '원팀'이 되는 것이라고 했다. 부모가 서로 존중할 때 원팀이 되고 결속력이 강한 부부가 된다. 반면 서로를 향한 존중이 없다면 부부 관계 안에 갈등과 상처가 상존해서 원팀이 되는 것은 불가능하다.

부모가 범하는 가장 치명적 실수는 자녀를 소유물로 여기거나 통제할 수 있다고 믿는 것이다. 그러나 자녀는 하나님이 부모에게 맡긴 선물이고 하나님의 소유라고 할 수 있다. 부모는 이 선물을 맡아 최선을 다해 양육하는 청지기이다. 이러한 마음을 가질 때 부모는 자녀를 존중하고 하나님의 말씀과 훈계로 자녀를 양육한다. 많은 부모가 자녀를 존중하지 않기에 자신의 욕구 실현과 자랑을 위해 자녀를 양육하고, 이는 결국 자녀의 마음에 분노를 일으킨다.

존중은 사랑이 가장 구체적으로 표현되는 방식이다. 사랑하는 자는 무례하지 않기 때문이다(고전 13:5). 건강한 가족은 부부 관계나 부모와 자녀 사이에 무례함을 찾을 수 없다. 존중은 부부를 서로 세워 주고 자녀에게 자신감을 준다.

가족 안에서 존중이 가장 두드러지게 드러나는 모습은 대화이다. 서로 존중할 때 가족 안에서 자신의 상태와 의견을 쉽게 표현하는 건강한 대화가 가능하기 때문이다.

건강한 대화를 위한 경청과 공감

대화는 관계를 이루는 핵심 요소이다. 대화를 통해 의견과 감정이 전달되기 때문이다. 아무리 좋은 의사와 감정을 갖고 있다고 해도 표현되지 않는다면 상대방에게 전달되지 않는다. 일반적으로 건강한 관계를 세우는 대화는 '열린 대화'를 지향한다. 열린 대화를 이루어 가기 위해서는 여러 성품이 서로 연결되어 실천되는데, 대표적으로 '존중', '경청', '공감'의 성품이 있다.

대화를 잘하는 사람은 말을 많이 하기보다는 잘 듣는 사람이다. '경청'은 상대방의 말을 주의 깊게 들어 이해하는 것인데, 이것은 상대를 향한 존중이 있을 때 가능하다. 사람이 대화할 때 가장 관심을 두는 것은 상대가 자기 말을 잘 듣는가이다. 상대가 경청하며 자신을 존중하고 있다고 느낄 때 자기 생각을 있는 그대로 말할 수 있다. 부모가 자녀의 말을 경청할 때 자녀는 부모에게 속마음을 말하게 된다. 반면 경청하지 않는 부모에게는 자녀가 속마음을 말하지 않는다. 그래서 위기 상황에서도 부모를 먼저 찾기보다는 친구에게 말하고 의지하는 경우가 생기게 된다.

타인의 말을 경청하기는 쉽지 않다. 사람은 자신의 의견을 말하고 싶어 하고, 타인의 말을 경청하는 데는 인내가 필요하기 때문이다. 이때 '공감'의 성품이 경청에 큰 도움이 된다. '공감'은 상대방의 입장이 되어 그를 이해하려고 하는 자세이다. 대화하면서 상대방의 입장이 되어 볼 때 상대의 말에 관심을 두게 된다. 자신의 어려움에 대하여 말하는 친구와 대화할 때는 어려움에 부딪힌 그 친구의 입장이 되어 어려움을 이해하고자 할 때 그의 마음으로 들어갈 수 있다. 그리고 친구의 이야기가 다른 사람의 이야기가 아니라 내가 관심을 두는 이야기로 다가오게 되어 경청하게 된다.

존중, 경청, 공감의 자세로 대화할 때 상대방은 이를 느끼게 된다. 듣는 사람이 판단이나 평가를 하지 않고 자신을 존중하며 말에 관심을 두고 경청하고 있다는 것을 느낀다면 편안한 마음으로 대화하게 된다. 열린 대화의 가장 큰 장애물은 상대방이 내 말을 듣지 않고 오히려 내용을 판단하고 평가한다는 두려움이다. 대화가 안전하지 않다고 느끼는 것이다. 그러나 존중, 경청, 공감의 성품은 대화를 편하게 할 수 있는 안전한 환경을 제공해 주어 열린 대화를 가능하게 한다. 가정에서 부모가 이러한 성품에 기초한 대화를 할 때 자녀는 더 편하게 부모와 대화하게 된다.

용서와 화해: 관계를 회복하는 성품

건강한 관계는 회복과 치유의 기능을 가지고 있다. 세상에 완벽한 관계는 없고, 모든 관계에는 아픔과 상처가 있을 수밖에 없다. 가족과 같은 친밀한 관계에서는 서로를 향한 기대가 크기 때문에 상처를 받기도 쉽다. 그러나 건강한 관계는 상처를 방치하지 않고 치유와 회복을 추구한다. 이때도 성품이 중요한 역할을 한다. 특별히 '용서'와 '화해'의 성품은 관계를 강화할 뿐만 아니라 관계 갈등을 치유로 끌어낸다.

'용서'는 하나님이 주신 치유를 위한 선물이자 능력이다. 특별히 가족이나 가까운 지인 사이에서 발생하는 상처의 치유를 위해서는 용서가 더욱 필요하다. 이러한 친밀한 관계는 자의적으로 단절할 수 있는 성격이 아니며 보통 지속되는 인간관계이기 때문이다. 용서는 상처를 준 사람을 향한 복수를 포기하고 마음속에 그를 향한 부정적 감정을 갖지 않으려는 자세이다(마 18:21-35). 즉 상처를 준 가해자의 마음에 있는 빚을 탕감해 주는 것이다. 가해자는 피해자에게 사과하고 용서를 받아야 할 빚이 있다. 가정생활 가운데 부모와 자녀 또는 부부 안에 상처가 없을 수 없다. 용서는 상처로 인해 생긴 부모나 배우자를 향한 분노와 원망을 마음에 쌓아 두지 않으려는 자세이다. 용서가 서서히 진행될 때 마음속에 깨어진 관계를 회복하고자 하는 의지가 생겨난다. 화해의 성품은 깨어진 관계를 다시 회복하여 화평을 가져오는 것이다. 예수님께서는 화평케 하는 자는 하나님나라를 경험하게 된다고 약속하셨다.

용서와 화해를 돕는 성품은 '공감'이다. 공감은 건강한 관계가 자라게 하는 가장 기초적인 영양분이자 깨어진 관계를 회복으로 이끄는 마중물이다. 관계가 갈등 상황에 있을 때 사람은 자신의 입장을 우선시하는 경향이 있고 이는 자신과 관계를 보는 시각을 좁힌다. 그러나 공감을 통해 다른 사람의 입장이 되어 이해하고자 하면 갈등 상황에 대한 더 넓은 관점을 갖게 되고 상대방의 입장을 고려하게 된다. 이렇게 공감의 효과를 발휘할 때 불가능하게만 보였던 용서와 화해로 마음이 기울게 된다. 부부가 서로 상처가 있음에도, 배우자의 입장이 되어 배우자가 가진 삶의 짐과 어려움을 느낄 때 용서와 화해의 마음을 가지게 된 경우가 드물지 않다. 특별히 용서와 화해를 신자의 의무로 규정하고 있는 성경의 가르침은 신자가 인간관계에서 용서와 화해를 일회적인 행동이 아니라 성품으로 개발하고 형성해야 함을 강조한다(마 6:12-15).

건강한 관계와 연관되어 지금까지 언급된 성품들은 하나님나라와 능력이 우리 개인과 관계 속에 임재할 때 형성된다. 하나님의 통치가 임할 때 우리는 하나님의 형상으로 지어진 사람을 존중한다. 사람이 되어 죄와 고통을 짊어진 주님의 공감적 사랑을 본받아 우리도 다른 사람의 입장이 되고 이해하는 공감을 실천할 수 있다. 우리의 기도를 세밀하게 들으시는 하나님을 본받아 우리도 다른 사람의 말을 경청한다. 하나님과의 관계에서 우리를 용서하시고 화평케 하신 주님을 본받아 관계에서 용서와 화해를 실천하는 성품을 형성하고자 한다.

공동체를 세워 가는 성품

공동체는 같은 가치관과 정체성으로 환경을 공유하는 모임이다. 공동체의 범위는 상당히 넓어서 가족, 학교, 직장, 국가까지 여기에 포함될 수 있다. 그러나 일상의 삶에서 참여하는 좁은 범위의 공동체는 주로 가정, 교회, 학교, 직장이 될 수 있다. 특히 기독교인에게 교회는 신앙인 정체성과 가치를 공유할 뿐만 아니라 성장의 모태가 되는 소중한 공동체라고 할 수 있다.

성품은 공동체를 건강하게 세우는 중요한 역할을 한다. 에베소서 4장에서 바울은 그리스도를 머리로 해서 지체인 성도들이 하나 되어 교회가 세워져야 한다고 가르친다. 2-3절에서는 신자의 겸손, 온유, 오래참음, 사랑, 평안을 언급하며 교회를 세움에 성품이 기본임을 강조하고 있다.

성경적 성품교육은 이러한 개인적인 성품뿐 아니라 교회와 같은 공동체를 건강하게 세워 주는 공동체 지향의 성품들도 다룬다. 대표적인 예는 '협력'과 '질서', '충성'과 '희생', '협력'과 '솔선수범' 성품이다. 건강한 공동체가 세워질 때 대개 이러한 성품들이 동시에 함께 발휘된다.

'협력'이란 공동체를 세우기 위해 한마음으로 힘을 합하는 성품이다. 공동체에는 다양한 사람들이 모여 있기 마련이다. 교회에서는 다양한 연령과 배경의 사람들이 함께 생활한다. 이렇게 서로 다른 사람들이 함께 협력할 때 공동체는 안정적으로 유지되면서 그 목적을 달성할 수 있다.

다양한 사람이 협력하려면 '희생'이 함께 발휘되어야 한다. 각자 자신의 의견이나 이해 관계에 대한 입장이 있을 수 있다. 그러나 자신의 의견을 공동체의 가치에 맞게 조정하는 희생이 없다면 공동체에는 갈등과 긴장이 상존하게 될 것이다. 건강한 공동체는 자신이 가진 것을 양보하고 입장을 내려놓는 희생 위에 세워진다.

협력과 희생은 오늘날 개인주의가 팽배한 시대에 자녀들이 배워야 할 중요한 성품이다. 연구에 의하면, 공동체를 위해 희생하더라도 공동체가 자신이 추구하는 목표와 의미에 부합될 때 오히려 보람과 기쁨을 느낀다고 한다.[17] 특별히 신앙공동체인 교회는 하나님의 뜻을 추구하는 가치로 하나 됨을 지향한다. 그러므로 교회는 자녀들에게 교회 생활을 통해 섬김과 봉사의 기회를 줌으로써 협력과 희생의 성품을 형성해 가는 긍정적 경험을 제공하는 장이 될 수 있다. 또한 신앙 안에서 형성된 협력과 희생의 성품은 교회와 가정을 넘어 사회 현장인 학교와 직장 생활에서 공동체가 필요로 하는 사람으로 인정받도록 돕는다.

공동체의 하나 됨을 지향하는 대표적 성품은 '충성'과 '질서'이다. 충성은 어려운 여건에서도 공동체를 향한 충실함과 헌신을 유지하는 성품이다. 충성은 공동체 안의 사람을 결속시키는 접착제 역할을 한다. 그리고 충성심을 보고 경험하면서 공동체 구성원은 소속감을 느끼게 된다.

질서 있는 성품은 공동체가 가진 고유의 권위와 절차를

중요시하는 자세이다. 하나님은 질서의 하나님이시다. 질서 있는 성품은 공동체의 지도자에게 부여된 권위를 인정하고 따른다. 그리고 공동체가 정한 규칙과 법에 부합하는 행동을 함으로써 공동체가 안정적으로 세워지는 데 기여한다. 특별히 이익이 아니라, 신앙이라는 이상과 가치로 모인 교회 공동체에서는 질서 있는 성품의 발휘가 절실하다.

'솔선수범'은 모범이 되는 행동을 통해 공동체를 세우는 성품이다. 느헤미야의 청렴과 영적 모범으로 이스라엘 공동체는 세워질 수 있었다(느 5:14-19). 사도 바울의 솔선수범을 통해 초대교회는 세워져 갔다. 그래서 바울은 이렇게 직접적으로 권면한다. "내가 그리스도를 본받는 자가 된 것 같이 너희는 나를 본받는 자가 되라"(고전 11:1).

공동체는 하나님나라를 지향하는 리더를 필요로 한다. 그러므로 공동체와 관련된 성품은 리더가 가져야 할 성품이기도 하다. 리더가 협력, 희생, 충성, 질서, 그리고 솔선수범을 실천할 때 공동체에서 리더는 인정받고 공동체는 건강하게 세워져 간다. 그리스도인이 이러한 성품을 형성해 간다면 교회와 여러 공동체에서 리더로 인정을 받을 것이다.

5장
성품과 이야기

"성경은 본질적으로 하나의 거대한 이야기, 즉 메타내러티브(meta-narrative)로서, 역사 속에서 행하신 하나님의 이야기를 들려준다"(알리스터 맥그래스).[18]

성품이야기와 성품교육

성품교육의 중요성과 한계

성품교육은 주로 수업형식으로 이루어진다. 가르치는 사람은 주로 선생이나 학부모이고 피교육자는 학생이나 자녀이다. 수업형식은 주로 '주입식 교육'이기에 학생들의 자발적 참여가 결여되어 있다는 약점이 있다. 그렇다고 수업식 성품교육 방법이 잘못된 것은 아니다. 수업형식의 교육은 성품에 대해 알아야 할 개념과 필요성을 잘 정리하여 전달하는 장점이 있다. 모든 배움은 기본적인 개념과 원리를 숙지하는 것이 우선되어야 한다. 성품형성도 자녀들이 성품의 의미와 중요성을 이해할 때 가능하다. 특히 교회나 가정과 같이 제한된 교육 시간과 자원을 가진 상황에서 이런 수업식 교육 방식은 효율성을 발휘한다.

대표적인 예로 하나바이블 성품교육은 성품의 의미와 적용에 대해서 구체적으로 배울 훌륭한 기회를 제공한다. 성품형성의 출발점은 각 성품의 의미와 그 중요성에 대해서 배우는 것이기 때문이다. 어디에서 우리 자녀들이나 어른들이 성품의 의미, 성품유형, 성경에 기초한 성품형성을 배울 수 있겠는가? 교회에서 제공하는 성품교육은 성품형성의 여정을 여는 훌륭한 시작이다.

성품교육이 교회에서 진행될 때 성품형성의 출발점으로서 두 가지 중요한 의미를 지닌다. 첫째, 교회학교에서 진행되는 성품교육은 교회교육 커리큘럼의 일환으로 진행되기에 부모와 자녀들에게 당연히 참여해야 하는 의무성을 부여한다. 이미 교회에 존재하는 교육 인프라 안에서 진행되기에 성품은 교회 생활과 남녀노소 교인들의 삶에서 이야기되고 나눌 수 있는 당연한 주제가 된다.

둘째, 부모와 자녀가 성품에 관한 이야기를 자연스럽게 하게 된다. 사실 교회 생활에서 신앙의 기본이 되는 믿음,

기도, 말씀, 헌신, 봉사 등은 쉽게 이야기할 수 있는 주제이지만 성품은 다루기 부담스러운 주제이다. 모두가 성품의 부족함을 느끼기에 부담감을 느끼고, 성품을 주제로 이야기하는 것은 어떤 압박을 준다고 생각하기 때문이다. 성품은 그 자체로는 아름다운 것이지만 성품에 맞는 열매 있는 삶을 살고 있는가 성찰할 때 부족함을 느끼게 된다. 그러나 성품교육이 교회의 정식 커리큘럼이 된다면 성품에 관한 이야기가 설교나 교회 생활 그리고 신자의 가정 안에서도 자연스럽게 이루어질 수 있을 것이다.

교회의 성품교육을 통해 자녀들이 성품의 의미와 중요성을 깨닫는다면 성품교육은 중요한 목적을 성취하고 있다고 볼 수 있다. 성품교육의 목적은 성품형성이 실현되는가를 감독하는 것이 아니라, 자녀들이 성품을 형성하는 삶을 사는 '방향성'을 갖도록 만드는 것이기 때문이다.

그러나 이런 성품교육의 유용성에도 불구하고 교회 성품교육은 한계를 가지고 있다. 많은 경우 성품교육이 단순한 교육 행위로 끝날 뿐, 구체적인 성품형성으로 연결되는 후속 방법이 부족하기 때문이다. 성품교육을 적용하는 일환으로 실행되는 자원봉사 같은 프로그램도 사람의 변화보다는 참여해야 하는 행사로 그치는 경우가 많다.[19] 이는 성품형성이 일시적인 교육이나 참여보다는 삶의 일상에서

적용되고 드러나는 특징을 갖고 있기 때문이다.

삶의 일상에서 자연스럽게 성품이 실현될 수 있는 좋은 매개체는 삶을 담은 '이야기'이다. 우리의 삶은 다양한 이야기로 구성되어 있기에 이야기와 삶은 분리할 수 없는 자연스러운 것이다. 그래서 가정에서 부모와 자녀가 나누는 성품과 관련된 이야기는 자연스럽게 성품에 대해서 생각하고 성품이 삶에서 어떻게 실현될 수 있는지를 나누는 중요한 통로가 될 수 있다.

삶과 이야기

우리의 삶을 어떻게 정의할 수 있을까? 여러 정의가 있을 수 있지만 쉽게 다가오는 비유 중의 하나는 '우리 삶은 이야기(story)'라는 것이다. 인생이라는 거대한 이야기는 삶에서 우리가 경험한 크고 작은 사건으로 엮어져 있다. 인생 이야기의 주인공은 '나'이고, '나'는 다양한 사건들을 경험하며 삶의 이야기를 만들어 간다. 태어난 이야기, 학교에 다닌 이야기, 배우자와 결혼한 이야기, 자녀를 낳은 이야기, 삶을 마감하는 죽음의 순간 등 모두가 내 인생 이야기의 일부이다.

사람들과 대화할 때 우리는 내가 경험한 삶의 이야기를 주로 나눈다. 그래서 우리는 종종 누군가 대화하는 것을 누구와 '이야기한다'라고 표현한다. 예를 들어 친구와 대화를 하고 싶을 때, '우리 만나서 이야기하자'라고 말한다. 대화는 대부분 서로의 경험을 나누는 이야기이기 때문이다.

우리의 이야기는 주로 우리가 경험한 사건(event)들에 기초한다. 예를 들어 누구를 만난 것, 어디에 방문한 것 등이 모두 사건이다. 이 사건 속에서 우리는 사람을 만나고, 대화를 나누고, 행동을 한다. 우리가 나누는 이야기는 이러한 사건, 사람, 대화, 행동과 같은 세세한 사항을 포함한다.

아들이 친구들과 함께 민속촌을 방문한 후 부모와 대화하며 나누는 이야기를 예로 들어 보자. 아들의 이야기는 민속촌에서 보고, 듣고, 먹는 행동, 그리고 친구들과의 대화, 민속촌의 분위기 등을 담을 수 있다. 아들은 이야기하면서 무언가 특정한 것을 강조할 수 있다. 예를 들어 안내원의 친절한 성품, 비싼 물건 값, 친구의 실수나 불손한 행동 등이다. 만약 아들이 이야기하면서 강조하는 주제가 '안내원의 친절과 친구의 불손한 행동'이라면 그는 친절한 성품과 불손한 행동을 강조하는 메시지 중심으로 이야기하게 될 것이다.

이야기와 내러티브

문학과 심리학에서 주로 사용되는 '이야기 이론(narrative theory)'에서는 이렇게 이야기가 무언가 전달하고자 하는 메시지를 담고 있을 때 '내러티브(narrative)'라고 부른다. 간단히 말하면 내러티브는 전하고자 하는 메시지를 위해 '설계된 이야기(designed story)'라고 할 수 있다.

아들이 대화 중 민속촌에서 함께한 친구 한 명이 안내원에게 보인 불손한 행동을 문제시하고자 할 때, 그의 대화는 이 의도에 의해 '설계'된다. 아들은 안내원과 대화 상황을 설명하며 친구가 취한 행동과 대화를 구체적으로 기술할 것이다. 그리고 친구의 성품에 대해 부정적 평가를 내릴 것이다. 이처럼 아들의 이야기는 두서없이 진행된 여행 이야기라기보다는 친구의 행동과 성품에 대한 메시지를 담고 있는 '내러티브적인 이야기'라고 할 수 있다.

우리가 흔히 접하는 소설, 드라마, 영화는 모두 내러티브적인 이야기라고 할 수 있다. 주인공의 이야기를 통해 작가는 소설에서 어떤 메시지를 전하고자 한다. 그리고 주인공의 이야기는 그의 다양한 경험을 담는 연속적인 사건들로 구성된다. 불행을 경험한 사건, 행운의 사건, 친구나 사랑하는 사람과의 만남과 이별, 문제에 봉착하고 이를 해결하는 사건이 소설에 흔히 등장하는 예이다.

그러므로 이야기는 우리의 삶의 모습을 가장 잘 반영하는 방식이라고 할 수 있다. 특별히 이야기는 이야기 속 사람의 성품을 표현하는 데 탁월하다. 예를 들어 우리는 소설 이야기의 등장인물들이 경험하는 사건의 맥락에서 그들의 정직함, 성실함, 자비, 용서, 복수, 미움과 같은 성품을 관찰할 수 있다.

이야기와 성경

이야기가 삶의 실제를 잘 반영하며, 메시지를 효과적으로 전달하는 방식이기에 성경도 내러티브적 방법을 사용한다. 신학자들은 성경을 하나님의 구원계획을 담은 거대한 이야기, 즉 '메타내러티브(meta-narrative)'로 이해한다.[20] 성경은 인간의 본성과 삶의 목적 그리고 구원을 이야기 형식으로 담고 있다. 하나님의 구원과 회복의 메시지를 담고 있는 이야기는 창조, 타락, 구속 그리고 회복의 단계로 구성되어 있다. 이 단계들도 구체적인 역사적 사건을 중심으로 이야기 형식을 통해 기술하고 있다.

창조 사건은 하나님과 피조물이 등장하고 피조물을 향한 하나님의 뜻을 담은 이야기이다. 타락 사건은 하나님, 마귀, 아담과 하와가 등장하고 이들 사이의 대화를 통해 원죄의 본질과 하나님의 구원계획을 전하고 있다. 예수님의 구속 사역도 다양한 사건과 인물들을 중심으로 전개된다. 그리고 세상의 회복도 예수님의 재림이라는 구체적인 사건을 통해 전개된다.

그러므로 하나님의 계획을 담은 메타내러티브는 '이야기의 이야기(narrative of narratives)'라고 할 수 있다. 하나님의 거대한 구원 이야기는 이스라엘의 역사, 선지자들의 메시지, 그리스도의 성육신과 사역, 구원의 완성에 관한 역사 속 다양한 사건과 인물을 포함한 수많은 이야기로 구성되어 있다.

메타내러티브로서 성경의 특징 가운데 하나는 저자가 다양하고 다양한 배경 속에서 기술되었음에도 일관된 메시지를 담고 있다는 것이다. 성경이 가지고 있는 대표적 메시지는 하나님의 구원계획이다. 성경은 다양한 인물들과 사건들을 객관적으로 기술하기보다 이 메시지를 중심으로 하나님의 구원계획이라는 관점에서 그들의 경험에 영적인 의미를 부여한다.

예를 들어 다윗의 인생 중에 수많은 사건이 일어났지만, 성경 기자는 여러 사건 가운데 하나님의 구원계획과 연관되는 사건들을 선정해서 기술하고 있다. 또한 성경의 기술 자체가 내러티브적이기 때문에 사건을 기술할 때도 사건의 객관성이나 사실성 강조보다는 하나님의 의도와 신앙의 관점을 보여 주는 데 초점을 맞추고 있다.

신약성경 복음서들은 공통으로 예수님의 사역을 기술하고 있다. 그런데 자세히 살펴보면, 각 복음서 저자가 자신들이 목격한 사건과 경험한 내용 중에서 복음서를 저술한 목적에 따라 사건들을 선별하고 의미를 부여했음을 발견할 수 있다. 예를 들어 마태복음의 저자 마태는 주요 독자인 유대인들을 위해 구약 예언의 성취를 이룬 예수의 메시아적인 모습을 선별해서 강조하고 있다.

성경을 이야기로 볼 때 성경에 흐르는 중요한 이야기 주제는 '하나님나라'이다. 하나님의 통치와 뜻이 온전히 실현되는 하나님나라는 창세기부터 요한계시록까지 이야기를 관통하는 주제이다.[21] 구약에서는 하나님의 주권과 통치가 이스라엘과 열방 가운데 나타나는 방식으로 묘사된다(출 19:6, 시 145:13). 신약에서는 예수 그리스도를 통해 하나님의 나라가 도래했으며(막 1:15), 궁극적으로 완성될 것을 약속한다(계 21:1-4).

신자의 삶에서 성품이 개발되고 형성되는 이야기인 성품이야기는 '하나님나라 이야기'의 일부라고 할 수 있다. 신자의 삶에서 하나님의 통치가 능력으로 역사할 때 하나님을 닮아 가는 성품이 형성되고, 이 성품형성의 과정은 신자의 변화의 이야기이자 성품의 이야기이기 때문이다.

성품이야기의 구성

이야기는 삶의 실제와 메시지를 효과적으로 전할 뿐 아니라 사람을 변화시키는 통로가 될 수 있다. 가족 상담에서 유용하게 활용되는 이야기치료(Narrative Therapy)는 이야기를 치료적으로 구성하여 개인과 가족을 변화시키고자 한다.[22]

이야기치료에 의하면, 이야기가 담고 있는 삶의 의미와 가치를 긍정적으로 변화시킬 때 개인과 가족의 이야기도 긍정적으로 변화한다. 그리고 이 긍정적 이야기는 당면한 문제를 극복할 수 있는 의지와 힘을 개인에게 준다. 우울증을 예로 들면, 우울증으로 고통을 받는 사람은 자신의 불행과 고통의 경험에 기반한 '우울의 이야기'를 만들어 내며 그 이야기 속에 갇혀 있다. 이야기치료는 그 사람의 경험 속에서 우울과 반대되는 긍정적인 사건을 찾아내어 우울감을 대항하는 '대안적 이야기'를 구성하고 새로운 정체성을 만들어 가고자 한다.

이야기치료에 의하면 이야기는 사람이 경험한 '사건'을 중심으로 만들어지는데, 이 사건은 '행동 영역'과 '정체성 영역'을 포함한다. '행동 영역'은 사건 속에서 개인이 행한 구체적인 '행동'이나 '자세'를 말하고, '정체성 영역'은 그 행동이 지향하는 가치와 의미 또는 '이유(why)'를 의미한다.

아래 예를 통해 이야기 속의 행동 영역과 정체성 영역을 알아보자.

아버지의 알코올 중독으로 인해 역기능 가정에서 자란 청소년은 항상 자신이 불행한 사람이라고 생각하고 있었다. 어느 날 이 청소년은 친구를 만나러 가는 길에 노숙자를 보고 불쌍한 마음이 들어 그에게 다가가서 가지고 있는 빵을 주었다. 후에 상담 선생님을 만나 그 청소년은 그가 만난 노숙자에 대해 이야기하게 되었다.

그의 이야기는 선행을 베푼 '사건(event)'에 기초하고 있다. 이 이야기에서 '행동 영역'은 빵을 나누어 준 것이다. 이 행동은 자신이 불행한 사람이라고 여기는 것과 반대되는 긍정적 행동이다.

상담 선생님은 이에 대해 "너는 항상 자신을 불행하다고 여기곤 했는데 이렇게 적극적으로 선행을 베풀 수 있는 이유가 뭐야?(무엇이 이렇게 적극적으로 선행을 하게 했어?)"라고 물었다. 이것은 선행의 동기 또는 이유를 물어보는 '정체성 질문'이다. 이에 대해 청소년은 "저는 하나님을 믿기 때문에 어려운 사람을 돌아보아 서로 나누어야 한다고 생각해요. 하나님도 사랑하라고 말씀하셨고요"라고 대답한다. 이 대답은 그가 행한 선한 행실은 신앙에 기초한 '돌봄', '사랑'이라는 '정체성 영역'에서 나온 것임을 보여 준다.

이에 선생님은 "정말 하나님 말씀대로 나눔과 사랑은 중요하지. 그래서 그 노숙자에게 음식을 나누어 줬구나. 그러면 혹시 이렇게 나눔과 사랑을 실천한 다른 경우도 또 있지 않았어?"라고 다시 질문을 한다. 이 질문은 청소년이 가지고 있는 정체성 영역에 기초하여 또 다른 '행동'과 연결된 사건을 찾으려는 것이다. 이렇게 계속해서 그가 원래 가지고 있는 자신에 대한 부정적인 이야기와 반대되는 긍정적인 경험들을 하나씩 찾아내어 탐색하고, 그것을 이야기로 만들어 갈 때 청소년은 자신의 삶을 불행의 관점이 아니라 긍정과 자신감의 관점에서 바라보게 된다.

이야기치료는 위와 같이 청소년의 삶 가운데 있는 긍정적 사건들을 발견하고 서로 연결하여 긍정적 이야기를 만들어 낸다. 이러한 긍정적 이야기는 청소년에게 자신감과 삶의 의미를 심어 주어 역기능 가정에서 경험하는 낙심과 우울감을 극복할 수 있도록 돕는다.

이야기가 힘이 있는 까닭은 이야기의 기초가 어떤 생각이나 이론이 아니라 청소년이 실제로 경험한 사건에 기초를 두기 때문이다. 청소년이 소중하게 여기는 나눔과 돌봄의 가치가 그의 선행을 통해 드러났다면 실제로 행한 그 자신의 것이기 때문에 힘이 있는 것이다. 성품이야기가 힘이 있는 것도 실제의 삶에서 성품이 구체적으로 실천되는 모습을 담고 있기 때문이다.

이야기가 능력이 있는 또 다른 이유는 삶의 맥락을 포함하는 입체적 가르침이기 때문이다. 수업을 통해 듣는 성품의 의미와 실천의 중요성에 대한 가르침은 이론적 내용이라고 할 수 있다. 반면 이야기는 청소년이 처한 노숙자와의 만남의 상황에서 그가 어떻게 '긍휼'한 마음을 품고 '자비'의 성품을 실천했는지를 구체적으로 보여 준다. 또한 하나님의 '돌봄'의 성품이 어떻게 구체적인 행동으로 표현되는지를 실제 사건을 통해 보여 준다.

성품에 관한 구체적 사건을 담고 있는 성품이야기도 '행동 영역'과 '정체성 영역'으로 구성된다. 행동 영역은 성품이 드러나는 구체적인 행동이나 자세이다. 정체성 영역은 행동이나 자세를 취하게 만드는 가치나 이유를 말한다. 하나님의 말씀이나 하나님의 속성은 모든 성품의 가치와 이유를 제공하는 '정체성 영역'에 속한다.

사람은 삶 속에서 직간접적으로 경험한 성품에 관한 이야기를 일상에서 자연스럽게 나누면서 성품에 대해서 배우게 된다. 그리고 이야기를 통해 일상의 삶에서 나타나는 성품을 접하면서 성품을 자연스럽게 형성해 간다.

성품이야기 나눔의 실제

삶 속의 성품이야기

성품은 삶 속에서 자연스럽게 드러나기 때문에 성품 형성도 일상에서 이루어져야 한다. 성품형성의 일상적이고 가장 이상적인 방법은 '성품이야기'를 자연스럽게 나누는 것이다. 이야기는 삶의 일부이고 삶을 구체적으로 드러내는 적절한 방식이기 때문이다.

우리의 삶은 수많은 성품이야기로 가득 차 있다. 대다수 이야기는 사람들에 관한 것이고, 이야기는 그 사람들의 행동과 언행 등 됨됨이를 다루는 경우가 많기 때문이다. 아빠, 엄마 그리고 자녀들이 일상생활에서 직간접적으로 경험하는 사람에 관한 이야기는 모두 성품이야기가 될 수 있다. 그리고 뉴스나 SNS 매체를 통해 접하는 간접적인 내용들도 성품을 포함할 수 있다. 아래는 우리가 쉽게 접할 수 있는 성품이야기의 내용이다.

1) 가족이 겪는 직간접적 경험
- 아빠의 직장동료나 상사의 일 처리 방식 혹은 인간관계 가운데 드러나는 성품
- 식당 손님들을 대하는 종업원 또는 주인의 자세

- 친구들의 성품이 드러나는 자녀의 학교생활
- 학교생활이나 친구 관계에서 자녀가 직접 겪은 사건들(예: 공부와 관련된 인내, 성실 / 관계에서의 공감, 경청 / 질서와 권위를 따르는 것과 관련된 경험)
- 엄마들의 교제 가운데 관찰되는 다른 엄마의 성품들

2) 가족이 공유할 수 있는 미디어에 나오는 이야기
- 방송에서 보이는 정치인, 연예인, 방송인의 언행과 자세에 담긴 성품들
- 뉴스에 나오는 사건, 사고와 관련된 사람들의 언행과 자세
- 유튜브나 SNS에서 언급되는 사람들의 언행과 자세에서 보이는 성품들

그동안 우리는 이러한 일상 이야기를 성품의 관점으로 이해하지 않고 사건 중심으로 보았다. 사람에 대해 이야기할 때도 구체적인 성품에 대해서 말하기보다는 단조롭게 성품이나 행실의 '좋음', '나쁨' 정도로 평가하는 데 그쳤다. 그러나 성품교육에서 배운 성품유형 개념을 이해한 후에는 이야기 속 사람들의 언행과 자세를 더욱 정교하게 이해하여 성품유형으로 볼 수 있게 된다. 또한 이야기를 서로

나누면서 삶의 맥락에서 성품유형을 확인하며 성품을 더욱 정교하게 구별할 수 있게 된다.

예를 들면, '긍휼', '자비', '돌봄'은 비슷하지만 구별되는 성품이다. 긍휼(compassion)은 어려움에 처한 사람을 향하여 불쌍한 마음을 갖는 자세를 의미한다. 자비(mercy)는 긍휼히 여기는 자세에 그치는 것이 아니라 친절과 용서 그리고 구제와 같은 행위로 표현되는 것을 뜻한다. 자비는 용서와 친절을 받을 자격이 되지 않는 자에게도 베풀어 주는 특징을 갖는다(예: 죄인을 향한 하나님의 자비하심). 돌봄(care)은 경제적, 정서적 영역과 같은 삶의 실제적인 부분의 필요를 채워 주는 행동을 의미한다. 성품이야기는 이러한 유사한 성품들이 실제 삶에서 어떻게 다른 모습으로 실현되는지를 구체적으로 보여 준다.

이런 의미에서 하나바이블 성품과정은 성품이야기를 나누고 만들어 내는 이상적인 기초를 제공한다. 하나바이블은 51가지 성품을 다루며 그 의미와 성경 본문에 기초한 이해를 제공하기 때문이다. 성품에 대한 성경적 이해는 실제 삶에서 드러나는 성품을 신앙과 연결할 수 있도록 돕는다.

성품이야기 나눔 방향

가정 내에서 부모와 자녀가 나누는 성품이야기는 '자연

성', '유연성', '긍정성' 원칙을 가져야 한다. '자연성'이란 성품이야기가 가볍고 자연스러운 분위기에서 진행되어야 한다는 것이다. 성품은 사람의 됨됨이에 관한 것이라 그 자체가 무거운 주제가 될 수 있다. 그래서 성품에 관한 대화는 심각한 분위기를 조성할 가능성이 크다. 성품이야기가 지속적으로 나누어지려면 부모는 가능하면 성품에 관한 대화를 가볍고 편한 분위기에서 하도록 신경을 써야 한다. 영어에서는 가볍고 편한 대화를 '가벼운 마음으로 나누는 대화(light-hearted conversation)'라고 한다. 이런 대화에는 가벼운 유머나 분위기를 편하게 하는 표현이 포함되고, 부담 없는 분위기에서 메시지가 충분히 전달된다.

'유연성'은 성품이야기 나눔을 위해 따로 시간을 할애하거나 장소를 정할 필요 없이 상황에 맞춰 유연하게 진행하는 것을 말한다. 성품이야기는 다른 대화의 일부로서 자연스럽게 이루어지기도 한다. 그리고 장황하게 성품이야기를 할 필요 없이 배경, 사람, 성품 관련 언행, 그리고 성품의 가치와 의미를 간단히 포함하면 된다. 자녀들은 조금만 들어도 부모가 하는 이야기의 의미와 의도를 쉽게 알아차리기 때문이다. 성품이야기를 하는 상황이나 장소도 유연하고 창의적으로 정할 수 있다. 함께 식사하면서, 차를 타면서, 걸으면시, 운동을 하면서, 또는 TV를 보면서도 할 수 있다. 그리고 성품이야기를 하는 빈도도 유연하게 한다. 성품이야기는 수시로 하기보다 적절한 시점에서 자연스럽게 진행되어야 한다. 성품이야기를 자주 하면 자녀들이 압박으로 여기고 부담감을 느끼기 때문이다.

성품이야기 나눔의 '긍정성'이란 이야기 속에 언급되는 사람에 대해서 말할 때 가능하면 긍정적인 면을 부각시키는 것을 말한다. 성품은 사람의 좋은 자세와 행동을 보여 주는 것이기 때문이다. 긍정성을 강조하기 위해서 이야기 중간에 성품의 주체인 개인에 대한 '인정', '칭찬', '격려'와 같은 표현을 하도록 한다. 개인의 성품을 강조하기 위해서 성품과 반대되는 그의 성향을 언급할 필요가 있을 수도 있다(예: 비난, 냉정, 게으름). 그때에는 간단히 언급만 하고 지나가면 된다.

이렇게 자연성, 유연성, 긍정성의 원칙을 가질 때 성품이야기가 효과를 발휘할 수 있다. 그리고 성품이야기를 만들 때는 아래의 다섯 가지 방향을 고려해야 한다. 이 방향은 나중에 나오는 성품이야기의 예시와 비교하며 점검하면 성품이야기를 진행하는 데 도움이 될 것이다.

첫째, 성품이야기를 만들어 갈 때, 성품의 구체적인 모습을 보여 주는 '행위 영역'과 성품이 지향하는 가치와 의미를 담은 '정체성 영역'을 포함하도록 한다. '행동 영역'은 성품이 삶에서 구체적으로 어떻게 표현되는지를 보여 준다. '정체성 영역'은 이러한 성품이 어떻게 하나님의 성품, 또는 하나님의 뜻과 연결되는지를 알게 한다.

둘째, 가족 내에서 성품이야기를 나누는 것은 자녀의 발달 정도와 가정 분위기에 따라 진행해야 한다. 청소년기 이전의 자녀는 부모가 주도할 수 있기에 대화나 이야기 나눔도 부모가 이끌어 갈 수 있다. 반면 청소년기 자녀는 부모가 주도할 때 거부감을 느끼거나 수동적으로 반응하기 쉽다. 청소년기는 본능적으로 자의식이 강해지고 독립성을 추구하기 때문에 부모의 주도적인 질문에 잘 반응하지 않는다. 오히려 부모의 주도적인 질문에 거부감을 느끼고 불편해할 수 있다.

셋째, 이야기 나눔은 짧은 '스토리텔링(story telling)'과 '대화' 방식으로 나눌 수 있다. 스토리텔링은 주로 부모가 성품과 관련된 이야기를 하는 것이다. 스토리텔링은 대화가 아니라 화자가 주로 이야기를 전하는 것이다. 대화는 성품과 관련한 질문과 답변이 포함된 대화를 통해 성품에 관한 이야기를 함께 만들어 가는 것이다. 부모와 자녀 사이에 대화가 열려 있는 가정에서는 대화를 통한 이야기 나눔이 비교적 쉽지만, 대화가 잘 이루어지지 않는 가정에서는 스토리텔링이 더 자연스럽다. 청소년기 이전의 자녀는 비교적 질문에 답변을 잘하기 때문에 대화와 스토리텔링이 모두 가능하다. 그러나 청소년기에는 성품에 관한 질문을 불편하게 생각하는 경향이 있으므로 몇 분간의 짧은 스토리텔링 방식의 이야기 나눔이 자연스러울 수 있다.

넷째, 개발이 필요한 성품을 숙지하고 준비한다. 자녀들에게 결여되어 있거나 더 개발이 필요한 특정 성품유형이 있을 수 있다. 부모는 이 성품의 의미와 중요성을 먼저 숙지한 후 그것에 대해 이야기한다. 이때 자녀의 연령대와 대화 가능성 여부를 고려하여 성품과 관련된 사건을 찾는다. 자녀도 알 수 있는 유명인이나 자녀가 흥미를 느끼는 주제와 관련된 사건을 성품과 연결해 이야기를 준비할 수 있다.

다섯째, 성품이야기는 한 번에 여러 성품유형을 담을 수 있다. 성품형성을 위한 이야기 나눔이 가지는 장점은 이야기가 담고 있는 인물의 언행과 자세가 여러 가지 성품을 한 번에 보여 줄 수 있다는 것이다. 어떤 유명한 기독교인의 선행 이야기는 그 사람의 선함, 성실함, 공감, 긍휼과 같은 성품을 담을 수 있다. 또한 이야기는 좋은 성품과 반대되는 부정적인 성향의 성품을 담을 수 있다. 이야기가 여러 성품을 동시에 다룰 수 있다는 것은 이야기 나눔의 방법이 사건 속 인물을 통해 여러 성품을 입체적으로 이해할 기회를 제공할 수 있다는 것을 보여 준다.

성품이야기의 예

성품이야기를 나누기에 가장 쉬운 방식은 미디어나 주변에서 간접경험한 사건과 사람에 대해 이야기하면서 성품을 언급하는 것이다. 이는 자신이나 가족에 대한 직접적 내용이 아니기 때문에 부담 없는 이야기가 된다. 그리고 이러한 주제를 대화가 아닌 간단한 스토리텔링으로 나누면 가장 자연스러운 이야기 나눔이 될 수 있다.

가장 파급력이 큰 성품이야기 나눔 방식은 성품에 관한 자녀의 경험을 질문하며 성품에 대한 생각을 나누는 대화 형식이다. 이런 대화 형식은 가정 분위기가 열린 대화에 익숙하고 부모가 적절한 질문을 던지고 대화를 이어 가는 기술이 있을 때 효과적이다. 이와 같은 이야기 나눔은 유대인 가정 등 토론을 통해 답을 찾아가는 대화에 익숙한 가정에서 효과적으로 이루어질 수 있다.

이 장에서 제공하는 성품이야기는 부모가 자녀들에게 하는 스토리텔링 형식을 기본으로 하였다. 아래의 성품이야기 예들은 전체 성품이야기라기보다는 성품이야기를 이끄는 부모의 주요 대사이다. 이 내용을 앞에서 배운 성품이야기의 원칙과 방법에 따라 자녀에게 질문하며 대화식 성품이야기로 만들어 낼 수도 있다. 성품이야기의 핵심이 되는 '행동 영역'과 '정체성 영역'은 괄호로 따로 표시하였다. 필요한 부분에서는 특정 대사의 목적도 기입하였다. '행동 영역'은 성품이 구체적으로 표현되는 방식인 행동이나 자세를, '정체성 영역'은 행동과 자세에 대한 의미와 신앙적 가치를 의미한다. 아래 예에서 보듯 성품이야기 나눔을 대화식으로 하기 원하면, 부모가 '행동 영역'이나 '정체성 영역' 질문을 자녀에게 할 수 있다. 이 질문에 자녀가 대답하며 대화 형식의 성품이야기가 될 수 있다.

1) 간접 경험에 기초한 성품이야기

(1) 미디어에 나온 방송인의 '공감' 성품이야기

"어제 함께 본 토크쇼 진행자는 진행을 잘하고 출연진들을 편하게 대해 주는 것 같아." (행동 영역)

"출연진 입장에서 그 사람을 이해하려고 하는 '공감' 능력이 뛰어난 것 같더라." (구체적인 성품 언급)

"어제 방송에서도 보면, 출연한 사람이 힘든 경험을 말할 때 들으면서 슬퍼하는 표정을 짓고 그 사람 편에서 이야기해 주기도 하고." (행동 영역)

"아들은 그런 것 같지 않아? 혹시 그분이 한 말 중에 생각

나는 것 없어?" (대화 형식 나눔을 위해 행동 영역 질문)

"원래 그 진행자는 성품이 선하고 사람이 잘되기를 바라는 것 같아." (성품이 지향하는 가치·정체성 영역)

"사실 공감을 가장 잘하는 분은 하나님이시지. 하나님이 직접 사람이 되셨으니까. (성경적 정체성과 연결) 그래서 하나님을 믿는 사람은 다른 사람의 입장이 되어 그 사람을 이해하려고 해야 할 것 같아."

(2) 어느 사업가의 '성실' 성품과 부족한 성품 나눔

"세상에서 제일 부자가 누구인지 알아?" (질문을 던져서 성품 주제를 소개)

"그래 일론 머스크인데 정말 부지런한 사람이래. 거의 회사에서 직원들하고 함께 살 정도로 일을 열심히 하는 사람. 역시 사람은 '성실'해야 해." (긍정적 성품 인정)

"그런데 이 사람이 약간 차가운 사람이래. 직원들 해고도 가차 없이 하고. 그래서 사람이 성실하기만 하면 안 되고 그와 함께 사람을 배려하고 돌보는 자세도 있어야지. (여러 좋은 성품이 필요) 하나님은 여러 좋은 성품을 가진 그런 사람을 찾고 사용하실 거야." (정체성 영역으로 신앙과 연결)

"우리 딸은 어떻게 생각해? 혹시 생각나는 본받을 만한

부자가 또 있어?" (성품이야기를 확장하기 위해 다른 성품이야기를 할 수 있는 질문을 던짐)

(3) 함께 본 TV 프로그램을 통하여 여러 성품을 나눔

"어제 본 프로그램에 나온 여자 배우 있잖아. 그 배우가 독립유공자 후손들을 많이 도왔다고 한 부분 기억나?"

"나라를 사랑한다고 말들은 많이 하지만 이렇게 솔선수범을 보이니까 사람들이 우리나라를 위해 무언가 해야 한다는 걸 깨닫는 것 같아."

"독립유공자 후손들이 어렵게 사는 사람들이 많은데 그 배우는 불쌍히 여기는 마음이 있는 것 같아. 성경에 보면 느헤미야가 솔선수범한 사람이었지. 느헤미야는 하나님과 이스라엘 나라를 사랑해서 가난한 백성들을 불쌍히 여겼어. 그리고 자신의 급여를 포기하기도 했어. 이런 솔선수범한 지도자 때문에 이스라엘이 재건될 수 있었지." (정체성 영역·신앙과 연결함)

위의 성품이야기는 솔선수범, 긍휼, 자비와 같은 여러 성품을 한 번에 다루고 있다. 이처럼 미디어에 나오는 인물들의 성품 관련 내용은 서로 공유하기 쉬우므로 성품이야기를 나누기에 유용하다.

2) 가족이 직접 경험한 사건을 소재로 한 성품이야기

(1) 인사를 잘하는 아파트 경비 아저씨

"어제 마트 가면서 지나친 아파트 경비 아저씨 기억나? 그분은 눈을 마주치면 항상 먼저 인사하는 분이야. 나도 항상 경비 아저씨를 보면 먼저 인사하려고 해. (행동 영역) 그분은 자신이 존중받는다고 느끼는 것 같아서인지 인사를 하면 좋아하셔." (정체성 영역)

"이렇게 사람을 존중하면 좋은 관계가 형성되는 것 같아. 하나님이 이웃을 사랑하라고 하셨는데 '존중'은 사랑을 행하는 좋은 방식인 것 같아." (정체성 영역)

(2) 자녀가 직접 경험한 일(박물관 여행)

"아들, 친구들이랑 박물관 여행 어땠어? 사람이 많았다던데."

"사람이 너무 많아서 줄 서다 돌아가는 사람들도 있었어. 그런데 우리는 참고 기다려서 결국 들어갔어요."

"수고했다. 참고 인내하니까 목적을 이루었구나." (인정과 칭찬) 성령의 열매 중에도 오래참음이 있고 하나님도 참으시는 분이지." (정체성 영역·신앙과 연결)

(3) 주민센터에서 엄마의 경험

"오늘 주민 센터에 서류를 신청하러 갔는데 사람들이 많고 절차가 복잡해서 시간이 오래 걸렸어. 그런데 사람들이 불평할 수도 있었을 텐데 대부분 질서를 지키면서 잘 기다리더라. (행동 영역) 이렇게 질서가 있으니 국가나 사회가 유지되는 것 같아. (정체성 영역) 하나님도 질서의 하나님이셔서 혼란보다는 질서와 절차를 좋아하시는 분이시고. (신앙과 연결)"

(4) 신앙과 연결할 수 있는 이야기

함께 신앙생활을 하는 교인들이 가지고 있는 긍정적 성품이야기(예: 권사님의 희생, 교사의 돌봄, 집사님의 협력) 또는 설교 예화에 나왔던 사람 이야기는 가족이 함께 신앙과 연결하면서 나눌 수 있는 자연스러운 성품이야기가 될 수 있다.

성품이야기 나눔이 주는 유익

수업형식 외에 성품교육을 어떻게 하는지 고민하는 학부모와 교사가 많다. 어떤 부모는 따로 가정에서 성품교육 시간을 갖거나 성품 관련 훈육을 생각하기도 한다. 자녀들에게 있어 성품이 중요하기에 가정에서의 성품 관련 훈육에 많은 관심을 두는 것은 당연하다.

지금까지 살펴본 성품이야기를 가족과 함께 자연스럽게 나누는 것은 성품형성을 위한 훌륭하고 창의적인 방법이다. 앞에서 언급했듯이 삶의 실제 경험을 바탕으로 한 이야기에는 힘이 있다. 성품과 관련된 이야기를 나누면서 성품의 중요성을 확인하고 실제 삶에서 성품이 어떻게 실현되는지를 '입체적'으로 이해하게 된다. 이렇게 성품이야기 나눔이 가정 대화에 정착할 때, 성품이 자녀의 삶에 중요한 자리를 차지하고 성품형성은 점진적으로 일어나게 된다.

구체적으로 성품이야기를 나누는 것은 다음 세 가지 유익을 준다. 첫째, 삶의 일상에서 이루어지는 자연스러운 방식이다. 성품은 가족 간의 대화에서 직접적으로 언급하기에는 부담스러운 주제이다. 특히 청소년기 이후의 자녀들에게는 그렇다. 자녀들은 기본적으로 심각한 대화를 회피한다. 심각한 주제와 심각한 대화 분위기를 모두 싫어한다. 부모들도 이를 알고 있기에 성품에 관해서 대화를 시작하기가 쉽지 않다.

그러나 이야기식으로 성품에 대해서 말하는 것은 자연스럽다. 성품에 대해서 가르치듯이 말하는 것이 아니라 성품과 관련된 사람 이야기를 일상에서 말하고 듣는 것이기 때문이다.

일상에서 자연스럽게 이루어지기 때문에 필요할 때 관점만 다르게 하여 같은 주제를 반복해서 이야기할 수 있다. 훈육은 반복하기가 쉽지 않고 반복할 때 압박감을 느끼게 돼 역효과가 나는 경우도 있다. 반면 이야기는 싫증이 덜 난다. 특히 자녀가 흥미를 느낀 주제나 관심 있는 사람과 연관된 이야기일 경우는 자연스럽다.

둘째, 성품이야기 나눔은 가정에서 자녀와 열린 대화를 만들어 가는 마중물이 될 수 있다. 건강한 가정의 중요한 지표 중 하나는 가족 내의 '열린 대화'이다. 반면 모든 가족 문제의 핵심은 갈등을 일으키는 대화 방식이나 대화의 부재이다. 열린 대화란 가족 구성원인 부모와 자녀가 서로 편하게 의사나 감정을 표현할 수 있는 대화를 말한다.

이야기하고 나누는 것은 비교적 부담 없는 방식이기 때문에 가정의 분위기를 부드럽게 하고 긴장감을 해소하여 대화를 끌어낸다. 대화할 때 이야기를 진행하고 자연스럽게 나누는 것은 중요한 사회적 기술이다. 부모와 자녀가 성품에 관한 이야기를 자연스럽게 나누는 것은 열린 대화로 이끄는 방법을 배우는 중요한 계기가 될 수 있다.

또한 성품이야기를 나누는 것은 자녀가 자기 이야기를 하는 기회가 된다. 가정에서 자녀가 말을 한다는 것은 대단히 중요하다. 자녀가 자기 생각이나 경험을 말하기 편해지면 점점 다른 주제에 대해서도 대화하게 된다. 이에 따라 자녀가 부모에게 느끼는 친밀감도 더 향상된다. 자녀가 자기 경험을 말하는 것을 들으면서 부모는 자녀를 더 잘 이해할 수 있다. 자녀는 자신의 경험을 이야기하면서 자신의 바람, 고민과 스트레스, 세상과 사람에 대한 자세를 은연중에 드러내기 때문이다.

셋째, 성품이야기는 가정의 긍정적 분위기를 유도한다. 성품은 본질적으로 사람의 좋은 면에 초점을 맞춘다. 그래서 성품에 대한 이야기는 어떤 사람의 장점과 훌륭한 부분을 주로 이야기한다. 그러므로 성품이야기의 관점은 긍정적이다. 가족 간의 대화는 가족들이 사람과 세상을 보는 관점을 반영한다. 가족 간에 이루어지는 대화 중에 성품이야기는 가족 구성원이 사람과 가족 그리고 세상을 긍정적인 관점으로 바라볼 수 있도록 자연스럽게 훈련시킨다.

반면 부모나 가족 사이의 대화 내용이 사람과 사회에 대한 비판과 원망을 자주 담고 있다면 가족의 분위기는 부정적으로 흐를 가능성이 높다. 일반적으로 사람에 대한 비난은 또 다른 비난을 낳게 되기 때문이다. 이것이 점점 습관이 되어 자연스럽게 가족들이 세상과 사람을 보는 관점은 부정적으로 바뀐다.

성품이야기는 본질적으로 긍정적인 이야기이기 때문에 가정의 분위기를 긍정적으로 이끈다. 가족의 대화가 사람에 대한 비판이나 불만이 중심이 되면 가족 분위기도 부정적으로 흐를 가능성이 크고 자녀의 성품형성에도 좋지 않다.

성품이야기의 긍정적 관점은 성경적 성품교육에 흐르는 하나님 중심의 관점과 맥을 같이한다. 성경적 성품교육은 하나님을 배워 가며 부모의 성품으로 자녀를 양육할 때, 궁극적으로 하나님께서 자녀들의 삶에 성품의 열매를 맺게 하신다는 긍정적 관점을 갖고 있다.

"그런즉 너희가 먹든지 마시든지 무엇을 하든지
다 하나님의 영광을 위하여 하라" 고전 10:31

부록

> **부록 1**

토론을 위한 질문들

> **1장 성품의 의미와 유형**

1. 자신의 타고난 '기질'(예: 외향성, 내향성, 예민함)에 대해서 나누어 보자. 이 기질은 내 삶에 어떻게 영향을 주고 있는가?

2. 가족(배우자, 자녀)의 타고난 기질에 대해 나누어 보자. 이 기질은 가족생활에 어떻게 영향을 주고 있는가?

3. 나(또는 가족)의 기질을 조절하기 위해 어떤 성품이 도움이 될 수 있는지 나누어 보자. 왜 그러한가?

4. 자신이 가장 좋아하는 하나님의 성품은 무엇인가? 왜 그 성품에 마음이 끌리는가?

2장 성품과 마음

1. 성품을 배우고 형성해 가도록 동기 부여가 되었던 과거 경험을 나누어 보자(예: 어렸을 때나 자라면서 부모님, 선생님 등을 통해 사랑이나 지혜, 오래참음 같은 성품을 배웠던 기억). 그 당시 그 성품을 사모하도록 만든 핵심 동기는 무엇이었는가? 그 경험은 당신에게 어떤 영향을 주었는가?

2. 빌립보서에서 바울의 마음을 지배하는 하나님 중심의 동기를 기술한 성경 구절에는 어떤 것이 있는가?

3. 빌립보서에 나타난, 바울이 생각하는 기쁨의 이유를 나누어 보자.

4. 내가 실천하고 있는 성품 하나를 선택하여 나누어 보자(참고. 부록 3—하나바이블 성품 목록 정의 및 핵심 성구). 이 성품을 선택한 이유는 무엇인가?

   1) 그 성품을 추구하도록 만드는 마음의 동기를 나누어 보자.

   2) 그 성품에 대한 지식과 하나님관점의 생각들을 나누어 보자.

3) 성품을 자발적이고 적극적으로 형성하게 도와주는 경험(감정 영역)에 대해 나누어 보자.

3장 성품과 자녀양육

1. 이 장에서 설명한 '목적성'과 '방향성' 중심의 성품교육을 다시 살펴보자. 그리고 자녀양육에서 '목적성'에 집착한 경험을 나누어 보자(예: 자녀를 '이런 사람으로 키워야겠다'는 생각이 너무 강해져서 아이에게 지나치게 간섭하거나 통제하려 들었던 경험).

2. 이 책에서 말하는 방향성 중심의 성품교육이 신앙에 어떤 영향을 미친다고 생각하는가? 실제로 그런 변화를 경험한 적이 있다면 함께 나누어 보자.

3. 자녀양육에서 부모가 원팀이 되려 할 때 어떤 것들이 방해가 되는가? 이 방해물은 자녀양육에 어떤 어려움을 가져다주었는가?

4. 잔소리 습관을 인지하고 있는가? 내가 하는 습관적인 잔소리에는 어떤 것이 있는가?

5. 주변에서 들은 부모와 자녀 관계의 좋은 예와 나쁜 예를 나누어 보자. 관계가 좋거나 나쁜 이유는 무엇인가? 이 사례를 통해 무엇을 배울 수 있는가?

4장 성품과 하나님나라

1. 요즘 우리 아이들이 학교생활에서 가장 힘들어하는 어려움은 무엇이라고 생각하는가? 그런 어려움을 잘 이겨 내려면 어떤 성품이 필요한지 나누어 보자.

2. 정신건강에 어려움을 겪는 주변 사람의 증상과 성품을 연결하여 나누어 보자. 그들에게 필요한 성품으로는 어떤 것이 있는가? 그 이유는 무엇인가?

3. 주변에 있는 관계 갈등 사례를 간단히 나누어 보자. 이 갈등을 예방하거나 해결하기 위해 도움이 되는 성품은 무엇인가? 그 이유는 무엇인가?

4. 주변에 공동체나 조직을 모범적으로 이끄는 리더가 가진 성품의 특징을 나누어 보자. 이 리더의 특징을 성경에서도 찾을 수 있는가?

5. 사도 바울은 솔선수범의 모델이라고 할 수 있다. 리더로서 바울이 가진 성품은 무엇이 있는가?

5장 성품과 이야기

1. 자녀에게 성품교육을 할 때 경험했던 한계 또는 좌절을 나누어 보자. 성품교육의 과정이나 결과가 만족스럽지 못한 이유는 무엇이라고 생각하는가?

2. 성품이야기를 구성하는 '행동 영역'과 '정체성 영역'의 의미를 이 책의 설명에 따라 나누어 보자. 성품이야기를 만들어 갈 때 이 두 영역은 어떻게 서로 연결되는가?

3. 우리 가정에서는 성품이야기를 어떻게 나누면 효과적인가? 그렇게 생각하는 이유는 무엇인가?

4. 내가 가정에서 주로 나누고 싶은 성품 세 가지는 무엇인가? 이 세 가지를 선택한 이유는 무엇인가?

부록 2

성품교육의 7가지 원리

1. 성품은 관계 속에서 형성된다

신자의 성품은 하나님을 찾고 의지하는 관계 속에서 하나님을 닮아가며 형성된다. 성경적 성품교육에서 배우는 성품 이해는 하나님 그리고 사람과의 관계 속에서 형성되는 성품의 기초가 된다.

2. 성품은 마음의 열매이다

성품은 마음의 동기, 생각, 감정이 행동과 자세로 표현되는 것이다. 마음속에서 이루어지는 성품형성을 향한 동기 부여, 성품에 대한 이해와 생각 그리고 성품형성에 대한 긍정적 감정은 함께 작용하여 행동과 자세로 삶에서 표현된다.

3. 하나님나라는 성품을 통해 개인, 관계, 공동체에 임한다

하나님의 통치와 능력이 성품형성 과정 가운데 임할 때, 건강한 개인의 가치와 마음 그리고 건강한 관계 형성과 회복이 이루어지며, 건강한 공동체가 세워진다.

4. 성품교육은 '방향성'을 지향한다

성품교육은 특정 수준의 성품 모양을 추구하기보다 성품형성 과정에서 하나님을 찾고, 의지하고, 배우는 방향성을 지향한다. 성품형성은 하나님의 은혜와 능력으로 가능하기 때문이다.

5. 부모의 성품이 자녀의 성품을 기른다

부모가 성경적 성품으로 자녀를 양육할 때 건강한 성품과 관계를 세우는 성품교육이 된다. 이는 성품을 통해 일하시고 백성을 양육하는 하나님의 방식을 닮은 것이다.

6. 성품은 건강한 마음을 세운다

성품은 외형적 행실과 자세 자체라기보다는 사람의 내면인 마음에서 우러나오는 것이다. 성경적 성품교육은 건강하고 강한 마음을 세우게 하여, 삶의 위기와 어려움 가운데서 바른 선택과 대응을 하게 만든다.

7. 성품은 '성품이야기' 나눔을 통해 형성된다

성품이야기는 삶의 일상에서 드러나는 성품을 담은 이야기이다. 가정에서 부모와 자녀가 함께 성품이야기를 일상에서 자연스럽게 나눌 때 성품형성은 우리 삶의 이야기에 자리 잡는다.

부록 3

하나바이블
성품 목록 정의 및 핵심 성구

1단원 하나님의 '거룩하심'을 닮은 성품

성품 (1과) 하나님과의 관계 속에서 마음이 행동과 자세로 표현되는 것

"이로써 그 보배롭고 지극히 큰 약속을 우리에게 주사 … 신성한 성품에 참여하는 자가 되게 하려 하셨느니라"(벧후 1:4).

거룩함 (2과) 세상과 구별되어 하나님 중심의 가치를 지향하는 선택 (나)

"기록되었으되 내가 거룩하니 너희도 거룩할지어다 하셨느니라"(벧전 1:16).

순결 (3과) 이중적이지 않은 순전한 마음으로 하나님을 볼 수 있음
(나)

"마음이 청결한 자는 복이 있나니 그들이 하나님을 볼 것임이요"
(마 5:8).

경건 (4과) 하나님을 향한 헌신과 경외로써, 거룩한 생활에 힘쓰게
함 (공동체)

"그가 경건하여 온 집안과 더불어 하나님을 경외하며 백성을
많이 구제하고 하나님께 항상 기도하더니"(행 10:2).

2단원 하나님의 '선하심'을 닮은 성품

선함 (5과) 하나님의 선하심을 닮아 선을 드러내는 성품 (하나님)

"너희는 여호와의 선하심을 맛보아 알지어다 그에게 피하는
자는 복이 있도다"(시 34:8).

긍정성 (6과) 어려운 상황에서 밝은 부분을 보는 자세 (나)

"무슨 방도로 하든지 전파되는 것은 그리스도니 이로써 나는 기뻐하고 또한 기뻐하리라"(빌 1:18).

격려 (7과) 인정과 칭찬으로 서로에게 힘과 용기를 주는 자세 (관계)

"서로 돌아보아 사랑과 선행을 격려하며"(히 10:24).

환대 (8과) 소외된 자들을 받아들이고 존중하는 자세 (공동체)

"손님 대접하기를 잊지 말라 이로써 부지중에 천사들을 대접한 이들이 있었느니라"(히 13:2).

3단원 하나님의 '신실하심'을 닮은 성품

신실 (9과) 약속을 지키시는 분을 닮아 언행일치하는 삶의 자세
(하나님)

"그런즉 너는 알라 오직 네 하나님 여호와는 하나님이시요 신실하신 하나님이시라"(신 7:9).

일관됨 (10과) 항상 변함이 없으신 하나님을 닮아 시작과 끝이 동일한 자세 (나)

"예수 그리스도는 어제나 오늘이나 영원토록 동일하시니라" (히 13:8).

성실 (11과) 성실하신 하나님을 본받아 부지런한 삶의 자세 (나)

"눈가림만 하지 말고 오직 주를 두려워하여 성실한 마음으로 하라" (골 3:22).

충성 (12과) 하나님 또는 어떤 대상을 향한 지속적인 충실함과 헌신 (공동체)

"그리고 맡은 자들에게 구할 것은 충성이니라"(고전 4:2).

4단원 하나님의 '사랑하심'을 닮은 성품

사랑 (13과) 우리를 죽기까지 사랑한 하나님을 본받아 사랑을 실천하는 자세 (하나님)

"하나님이 이같이 우리를 사랑하셨은즉 우리도 서로 사랑하는 것이 마땅하도다"(요일 4:11).

존중 (14과) 상대방을 높이고 소중히 여기는 성품 (관계)

"뭇 사람을 공경하며 형제를 사랑하며 하나님을 두려워하며 왕을 존대하라"(벧전 2:17).

수용 (15과) 있는 모습 그대로 받아들여 서로를 세우는 성품 (관계)

"믿음이 연약한 자를 너희가 받되 그의 의견을 비판하지 말라"(롬 14:1).

희생 (16과) 남을 위해 자신의 것을 드려 타인과 공동체를 세우는 성품 (공동체)

"한 알의 밀이 땅에 떨어져 죽지 아니하면 한 알 그대로 있고 죽으면 많은 열매를 맺느니라"(요 12:24).

5단원 하나님의 '의로우심'을 닮은 성품

의로움 (17과) 항상 의로우신 하나님을 닮아 공의를 추구하는 삶의 자세 (하나님)

"여호와께서는 그 모든 행위에 의로우시며 그 모든 일에 은혜로우시도다"(시 145:17).

공평 (18과) 치우치지 않고 공정하게 대함으로 관계를 세우는 성품 (관계)

"속이는 저울은 여호와께서 미워하시나 공평한 추는 그가 기뻐하시느니라"(잠 11:1).

질서있는 (19과) 속한 조직의 질서와 절차를 중요시하여 공동체를 세우는 성품 (공동체)

"모든 것을 품위 있게 하고 질서 있게 하라"(고전 14:40).

6단원 하나님의 '용서하심'을 닮은 성품

용서 (20과) 용서하신 하나님을 본받아 용서의 실천을 지향하는 자세 (하나님)

"누가 누구에게 불만이 있거든 서로 용납하여 피차 용서하되 주께서 너희를 용서하신 것 같이 너희도 그리하고"(골 3:13).

공감 (21과) 다른 사람의 감정이나 생각을 이해하고 함께하는 성품 (관계)

"즐거워하는 자들과 함께 즐거워하고 우는 자들과 함께 울라" (롬 12:15).

화해 (22과) 사과와 용서를 통해 깨어진 관계를 회복하는 자세 (관계)

"할 수 있거든 너희로서는 모든 사람과 더불어 화목하라"(롬 12:18).

7단원 하나님의 '긍휼하심'을 닮은 성품

긍휼 (23과) 고통받은 이들을 향해 불쌍히 여기는 성품 (하나님)

"여호와여 주의 긍휼하심과 인자하심이 영원부터 있었사오니 주여 이것들을 기억하옵소서"(시 25:6).

경청 (24과) 주의 깊게 들어 상대방을 이해하는 자세 (관계)

"너희가 알지니 사람마다 듣기는 속히 하고 말하기는 더디 하며 성내기도 더디 하라"(약 1:19).

자비 (25과) 불쌍히 여기는 마음으로 이웃을 돕는 자세인 자비의 마음 (관계)

"너희 아버지의 자비로우심 같이 너희도 자비로운 자가 되라"(눅 6:36).

돌봄 (26과) 다른 사람의 필요를 채워 줌으로 공동체를 세우는 성품 (공동체)

"여호와는 나의 목자시니 내게 부족함이 없으리로다"(시 23:1).

8단원 하나님의 '오래참음'을 닮은 성품

오래참음 (27과) 하나님을 닮아 오랜 기간 인내하는 성품 (하나님)

"오직 주께서는 너희를 대하여 오래 참으사 아무도 멸망하지 아니하고 다 회개하기에 이르기를 원하시느니라"(벧후 3:9하).

자족 (28과) 현재 자신의 상황이나 모습에 만족하여 비교하지 않는 자세 (나)

"내가 궁핍하므로 말하는 것이 아니니라 어떠한 형편에든지 나는 자족하기를 배웠노니"(빌 4:11).

절제 (29과) 욕구와 충동대로 하지 않고, 균형잡힌 삶을 사는 성품 (나)

"자기의 마음을 제어하지 아니하는 자는 성읍이 무너지고 성벽이 없는 것과 같으니라"(잠 25:28).

협력 (30과) 어떤 뜻이나 목적으로 이루기 위해 함께 힘을 모으는 자세 (공동체)

"보라 형제가 연합하여 동거함이 어찌 그리 선하고 아름다운고" (시 133:1).

9단원 하나님의 '지혜'를 닮은 성품

지혜 (31과) 하나님의 지혜를 닮아 가는 자세 (하나님)

"너희 중에 누구든지 지혜가 부족하거든 모든 사람에게 후히 주시고 꾸짖지 아니하시는 하나님께 구하라 그리하면 주시리라" (약 1:5).

분별 (32과) 상황, 말, 행동, 자세 등을 지혜롭게 판단하는 성품 (나)

"너희로 지극히 선한 것을 분별하며 또 진실하여 허물 없이 그리스도의 날까지 이르고"(빌 1:10).

사려깊음 (33과) 다른 사람의 상황과 감정을 생각하여 세심하게 세워 주는 자세 (관계)

"무엇에든지 참되며 … 경건하며 … 옳으며 … 정결하며 … 사랑 받을 만하며 … 칭찬 받을 만하며 무슨 덕이 있든지 무슨 기림이 있든지 이것들을 생각하라"(빌 4:8하).

솔선수범 (34과) 모범이 되는 행동을 통해 공동체를 세우는 성품 (공동체)

"범사에 네 자신이 선한 일의 본을 보이며"(딛 2:7상).

10단원 하나님의 '진실하심'을 닮은 성품

진실함 (35과) 참진리이시고 진실하신 하나님을 닮은 성품 (하나님)

"그의 진실함은 방패와 손 방패가 되시나니"(시 91:4하).

정직 (36과) 유혹을 이겨 진실되게 말하고 행동하는 성품 (나)

"하나님이여 내 속에 정한 마음을 창조하시고 내 안에 정직한 영을 새롭게 하소서"(시 51:10).

용기 (37과) 위험과 도전 앞에서 두려움을 극복하는 성품 (나)

"내가 네게 명령한 것이 아니냐 강하고 담대하라 두려워하지 말며 놀라지 말라"(수 1:9상).

진취적인 (38과) 처한 상황에 머무르지 않는 적극적인 성품 (나)

"다만 여호와를 거역하지는 말라 또 그 땅 백성을 두려워하지 말라 그들은 우리의 먹이라 … 여호와는 우리와 함께 하시느니라 그들을 두려워하지 말라 하나"(민 14:9).

11단원 하나님의 '온유하심'을 닮은 성품

온유 (39과) 하나님의 온유(겸손, 배려, 친절, 부드러움)를 닮은 성품 (하나님)

"나는 마음이 온유하고 겸손하니 나의 멍에를 메고 내게 배우라"(마 11:29상).

유연성 (40과) 부드러운 마음과 태도로 다른 조건과 상황에 적응하는 성품 (나)

"내가 복음을 위하여 모든 것을 행함은 복음에 참여하고자 함이라"(고전 9:23).

위로 (41과) 따뜻한 말과 행동으로 상대방의 슬픔을 달래 주는 자세 (관계)

"우리의 모든 환난 중에서 우리를 위로하사 우리로 하여금 하나님께 받는 위로로써 모든 환난 중에 있는 자들을 능히 위로하게 하시는 이시로다"(고후 1:4).

12단원 하나님의 '영광스러움'을 닮은 성품

영광스러움 (42과) 하나님을 영화롭게 하는 삶을 지향하는 성품 (하나님)

"그런즉 너희가 먹든지 마시든지 무엇을 하든지 다 하나님의 영광을 위하여 하라"(고전 10:31).

기쁨 (43과) 하나님 안에서 기뻐함으로 삶의 좌절과 어려움을 극복하는 성품 (나)

"또 여호와를 기뻐하라 그가 네 마음의 소원을 네게 이루어 주시리로다"(시 37:4).

소망 (44과) 하나님을 향한 소망으로 절망과 낙심을 이기는 자세 (나)

"내 영혼아 네가 어찌하여 낙심하며 어찌하여 내 속에서 불안해 하는가 너는 하나님께 소망을 두라 그가 나타나 도우심으로 말미암아 내가 여전히 찬송하리로다"(시 42:5).

절기 및 특별주일

순종 (종려주일) 존중과 신뢰를 가지고 지시나 법을 따르는 자세

"사람의 모양으로 나타나사 자기를 낮추시고 죽기까지 복종하셨으니 곧 십자가에 죽으심이라"(빌 2:8).

승리 (부활주일) 유혹이나 고통, 좌절에 휩쓸리지 않고 극복하는 자세

"우리 주 예수 그리스도로 말미암아 우리에게 승리를 주시는 하나님께 감사하노니"(고전 15:57).

순수함 (어린이주일) 투명하고 꾸밈이 없는 자세

"그 때에 예수께서 대답하여 이르시되 천지의 주재이신 아버지여 이것을 지혜롭고 슬기 있는 자들에게는 숨기시고 어린아이들에게는 나타내심을 감사하나이다"(마 11:25).

하나됨 (가족사랑주일) 속한 공동체의 유익을 우선하여 연합하는 자세

"그러므로 이제부터 너희는 외인도 아니요 나그네도 아니요 오직 성도들과 동일한 시민이요 하나님의 권속이라"(엡 2:19).

열정 (전도주일) 어떤 일에 뜨거운 애정을 가지고 열심히 임하는 자세

"너는 말씀을 전파하라 때를 얻든지 못 얻든지 항상 힘쓰라 범사에 오래 참음과 가르침으로 경책하며 경계하며 권하라"(딤후 4:2).

감사 (추수감사주일) 자신이 처한 상황에 고마운 마음을 표현하는 자세

"하늘의 하나님께 감사하라 그 인자하심이 영원함이로다"(시 136:26).

경계 (이단경계주일) 어떤 문제에 대해 주의 깊게 주목하는 자세

"거짓 선지자들을 삼가라 양의 옷을 입고 너희에게 나아오나 속에는 노략질하는 이리라"(마 7:15).

겸손 (성탄주일) 자신을 낮추고 타인을 존중하는 자세

"아무 일에든지 다툼이나 허영으로 하지 말고 오직 겸손한 마음으로 각각 자기보다 남을 낫게 여기고"(빌 2:3).

미주

1. 총체적인 내면을 뜻하는 'personality'는 우리말로 '인성', '인격', '성격' 등으로 번역된다. 이 책에서는 성격과 구분하기 위해 '인격'을 사용한다.
2. 대표적인 학자로는 잘 알려진 심리검사인 성격기질검사(TCI)를 개발한 클로닝거(C. Robert Cloninger)를 들 수 있다.
3. 그래서 윤리학에서 성품은 '덕(virtue)'의 개념으로 설명되기도 한다.
4. 하나바이블 성품과정도 성품의 개념을 강조하기 위해 51개 각 성품의 반대 개념을 기재하고 있다.
5. 의외로 대다수 기독교 성품교육 교재가 하나님성품의 중심성을 체계적으로 다루는 대신 신자의 성품유형에 초점을 맞추고 있다.
6. 이 글에서 설명하는 마음에 대한 내용은 필자의 저서 《성경적상담과 하나님관점의 이야기》 일부를 수정하거나 그대로 사용하였다.
7. 에베소서 6장 4절에서 부모들에게 "주의 교훈과 훈계"로 자녀를 가르치라는 말도 주님의 '사랑'을 알게 하고 '사랑'의 성품으로 가르치라는 의미이다. 주님의 교훈(instruction)의 핵심은 사랑이고 훈계(discipline)의 방식도 사랑이기 때문이다.
8. "내 법을 그들의 생각에 두고 그들의 마음에 이것을 기록하리라"(히 8:10).
9. "지혜는 명철한 자의 마음에 머물거니와 미련한 자의 속에 있는 것은 나타나느니라"(잠 14:33).
10. "여호와께서 모세를 향하여 노하여 이르시되 레위 사람 네 형 아론이 있지 아니하냐 그가 말 잘 하는 것을 내가 아노라 그가 너를 만나러 나오나니 그가 너를 볼 때에 그의 마음에 기쁨이 있을 것이라"(출 4:14).
11. Jay Adams, 《성경이 가르치는 결혼, 이혼 그리고 재혼》 (서울: 베다니, 1994),

pp. 47-50.

12 이임숙, 《아이의 방문을 열기 전에: 10대의 마음을 여는 부모의 대화법》 (창작과비평사, 2019)

13 김희석, "성전과 성품", 〈신학지남〉 83권 제1집 (2016), pp. 13-14.

14 번역에 따라서 사람의 '내면(internal aspect)'을 말하기도 하고 '너희 무리 중에(in the midst of you)'가 될 수도 있다. (I. Howard Marshall, *The Gospel of Luke* Grand Rapids, Eerdmans, 1978). 특히 헬라어 전치사 문법에 기초하여 번역할 때 "하나님의 나라는 심령의 변화로 시작된다"고 말할 수 있다(박형대, 《나름 친절한 헬라어 문법책》, 서울: 그리심, 2017, p. 275). 이 책에서는 포괄적으로 하나님나라가 개인의 내면과 삶, 인간관계 그리고 공동체 영역에 모두 임한다고 본다.

15 성품의 영역이 나, 관계, 공동체로 선명하게 나누어지기보다는 주로 어떤 영역에 유익을 주는가를 의미한다. 각 성품의 개념과 유익을 주는 영역은 서로 겹치기도 하기 때문이다.

16 Robert Waldinger & Mar Schultz, *The Good Life: Lessons from the World's Longest Scientific Study of Happiness* (New York: Simon & Schuster, 2023).

17 Emily Impett, Shelly Gable & Letitia Peplau (2005). "Giving Up and Giving In: The Costs and Benefits of Daily Sacrifice in Intimate Relationships." *Journal of personality and social psychology* 89. pp. 327-44.

18 Alister McGrath, *The Big Story: The Metanarrative of the Bible* (IVP Books, 2008), p. 15.

19 유재봉, "학교 인성교육의 문제점과 방향", 〈교육철학연구〉 38권 3호 (2016), pp. 99-119.

20 Michael W. Goheen & Craig G. Bartholomew, *The True Story of the Whole World: Finding Your Place in the Biblical Drama* (Faith Alive Christian Resources, 2009)

21 Graeme Goldsworthy, *Gospel and Kingdom* (Paternoster Press, 2000).

22 Michael White, 《이야기치료의 지도》(*Maps of narrative practice*) (학지사, 2010)

성경적 성품교육의 원리
성품이 성품을 기른다

초판 인쇄 2025년 5월 16일
초판 발행 2025년 5월 28일

지은이 김준
발　행 익투스

기획 오은총
책임편집 조미예　**마케팅책임** 김경환
경영지원 임정은　**마케팅지원** 박경헌 김혜인
유통 박찬영 김승온　**편집·제작** 안승찬　**홍보** 이윤지

주소 서울 강남구 영동대로 330
전화 (02)559-5655~6　　**팩스** (02)6940-9384
인터넷서점 www.holyonebook.com
출판등록 제2005-000296호
ISBN 979-11-86783-66-5

ⓒ2025, 익투스
* 이 책은 신저작권법에 의하여 국내에서 보호를 받는 저작물입니다.
　출판사의 협의 없는 무단 전재와 무단 복제를 엄격히 금합니다.
* 책값은 뒤표지에 있습니다.
* 잘못된 책은 교환하여 드립니다.

예수 그리스도와 그분의 복음을
사랑하는 모든 사람과 함께 합니다